苑利 顾军 主编｜中国文化遗产保护北斗丛书

中国吉祥图案解读
工作指导手册

朱青峰 苑利 著

学苑出版社

图书在版编目（CIP）数据

中国吉祥图案解读工作指导手册 / 朱青峰，苑利著 . — 北京：学苑出版社，2022.9

（中国文化遗产保护北斗丛书 / 苑利，顾军主编）

ISBN 978-7-5077-6483-3

Ⅰ.①中… Ⅱ.①朱… ②苑… Ⅲ.①图案—中国—手册 Ⅳ.① J522-62

中国版本图书馆 CIP 数据核字（2022）第 159943 号

出 版 人：	洪文雄
责任编辑：	周　鼎
装帧设计：	黄　辉　齐立娟
灯笼制作：	牛俊启
出版发行：	学苑出版社
社　　址：	北京市丰台区南方庄 2 号院 1 号楼
邮政编码：	100079
网　　址：	www.book001.com
电子信箱：	xueyuanpress@163.com
联系电话：	010-67601101（营销部）　010-67603091（总编室）
印 刷 厂：	英格拉姆印刷(固安)有限公司
开本尺寸：	787×1092　1/32
印　　张：	6
字　　数：	114 千字
版　　次：	2022 年 9 月第 1 版
印　　次：	2022 年 9 月第 1 次印刷
定　　价：	48.00 元

总　序

据说，地球上共有动物150多种，但从起源角度看，无论是有脊椎动物，还是无脊椎动物，它们的起源都远远早于人类。哪怕是一只鳄鱼，一只壁虎，一条蚯蚓。但令人不解的是，为什么在生物进化过程中，后起的人类居然能异军突起，并将那些早于自己的动物，远远地抛在自己的身后？原因很简单，小动物们活着靠的是本能，而人活着除靠本能之外，还在于他们善于学习。不管经历与否，只要他们学到了相关知识，就能利用这些知识去解决面对的问题。当然，一个人的阅历毕竟有限，全靠自己的亲力亲为去获取知识并不现实。这就要求我们在多走多看、增加阅历的同时，多向别人学习，特别是向在5000年中华文明史上，创造过各种文明的祖先们学习，看看祖先们是怎么解决这类问题的。

祖先的经验传递通常会以以下三种方式进行：一种是以典籍的方式将知识与经验传递给我们，一种是以文物的形式将知识与经验传递给我们，最后一种是以口传心授的方式将知识与经验传递给我们,这便是我们通常所说的非物质文化遗产。既然祖先是以上述三种方式,将他们的知识与经验传递给我们的,我们在研究祖先智慧时,就应该打通壁垒,从文献、文物以及非物质文化遗产等多个层面与维度,对祖先遗产进行全方位解读与研究。

在各类遗产中,物质文化遗产似乎是最靠谱的存在。原因是它本身就是历史的一部分,通过它当然可以反观历史,反观祖先在历史上创造的各种文明。但只保护物质文化遗产尚远远不够,因为它很难回答这种文明是怎样创造出来的。与它相比,非物质文化遗产似乎更容易回答这个问题。原因在于,非物质文化遗产尽管不是秦砖汉瓦,但它是秦砖汉瓦的烧制技术;尽管它不是故宫长城,但它是故宫长城的建造技术。从表面看,非物质文化遗产似乎只是活在当下的存在,但实际上它同样是历史的一部分。我们完全可以通过取今证古的方法,用它来解读历史上的各种文明。当然,对于中国这样一个具有3000多年文字使用史的民族来说,只保护好物质文化遗产与非物质文化遗产仍然不够,因为这些文物及文物制作技术背后的许多东西——如作者的设计理念等,通常都是通过文字记录下来的。所以,在对物质文化遗产与非物质文化遗产实施"成对儿"保护的同时,还应注意到对相关文献的保护与研究。正是出于这样一种理念,我们在设计这套丛书时,并没有将目光局限于我们擅长的非物质文化遗产自身，而是在关注非物质文化遗产的同时，也将目光投向了物质文化遗产和文献遗产，并期望通过这种全方位的关照，为祖先遗产的保护，找出更多规律性的东西。

苑　利

2022年9月

前 言

在很早以前，我就和青峰商量写一本吉祥图案方面的书，但一拖就是十年，这是我当初没有想到的。

为什么要写这样一本书？原因很简单：当代手艺人，特别是年轻的手艺人，似乎只注意到了"技"，而忽视了更为重要的"道"。中国自古就有"文以载道"的传统，如果将"文以载道"这个词放到手艺行，就是指通过吉祥图案来表达人们对美好生活的诸多期盼。如通过《娃娃抱鱼》，表达人们对美好生活的期盼；通过《鲤鱼戏莲》，表达人们对美好婚姻的期盼。

其实，人类的许多想法都是相通的。按照马斯洛需求层次理论，我们同样可以对吉祥图案所反映出的基本主题进行如下解读："连年有余"反映的是中国人"求生存本能"；"四季花瓶"反映的是中国人"求平安本能"；"鲤鱼戏莲"反映的是中国人寻求"男欢女爱""繁育后代"的本能；"凤穿牡丹""百鸟朝凤"反映的是中国人"求尊重本能"；而"指日可升""马上封侯"反映的则是中国人"求价值实现本能"，即祈求个人理想早日成为现实的本能。这些不需教导与训练的、天赋的、与生俱来的、在人类进化路上所产生出的基本欲望和行为能力，占据了中国传统工艺美术表现主题的绝大部分空间。于是，艺人通过吉祥图案，表达自己对买家的美好祝福；买家也通过吉祥图案，收获了艺人对自己生活的美好祝愿。如果没了"道"，做什么都没个"说法"，即或是再好的"技"，也无法成为沟通彼此的桥梁。从这个角度来说，懂不懂吉祥图案，用不用吉祥图案，已经成为手艺人有没有"文化"、是不是"行里人"的重要标志。

为了能让更多的手艺人了解中国吉祥图案及其背后所蕴含的文化。本书作者在充分梳理吉祥图案历史渊源、分类原则、构图方式以及用色规律的基础上，对植物类吉祥图案、动物类吉祥图案、人物类吉祥图案、器物类吉祥图案、文字类吉祥图案等，进行了深入而细致的分析与解读，是从事传统手工技艺、文创产品设计以及急需了解中国吉祥图案同仁们的一本必读书，从这本书中，你不但能得到来自手艺人的祝福，还能更深刻地体会到手工的温度。

苑 利

2022 年 9 月

目 录

一、概念篇

一 什么是吉祥图案? / 003

二 图案和纹样有哪些区别和联系? / 004

三 吉祥纹样和装饰图案有哪些不同? / 005

四 吉祥图案在传统文化史中的地位和价值? / 006

五 为什么说吉祥纹样是"经济基础"和"上层建筑"相互关系的产物? / 007

二、历史篇

一 吉祥图案有着怎样的发展历程? / 011

二 历史上不同时代的吉祥图案都有哪些特点? / 012

三 为什么说吉祥图案是一笔宝贵的民俗资料? / 014

三、分类篇

一 吉祥纹样都有哪些分类标准和分类方法? / 017

二 传统"五虫"分类法包含什么内容? / 018
三 吉祥纹样的"五福"和"十全"分类是指什么? / 019
四 植物纹样和花草纹样的区别在哪里? / 020
五 动物纹样和祥禽瑞兽的区别在哪里? / 021

四、特征篇

一 吉祥图案具有哪些特征? / 025
二 为什么说"有图必有意、有意必吉祥"是吉祥纹样最显著的特征? / 027

五、方法篇

一 吉祥纹样常用的组合方法有哪些? / 031
二 吉祥纹样中"比喻"和"象征"的区别在哪里? / 033
三 吉祥图案中"谐音"和"同音"的区别在哪里? / 034

六、构图篇

一 吉祥纹样常用的构图形式有哪些? / 037
二 传统吉祥纹样的构图有哪些特点? / 039
三 为什么说传统吉祥纹样的构图多以"意象构图"为主? / 040

七、植物篇

一　牡丹纹样及其文化内涵　/ 043

二　柿子纹样及其文化内涵　/ 046

三　枫树纹样及其文化内涵　/ 047

四　葡萄纹样及其文化内涵　/ 048

五　白菜纹样及其文化内涵　/ 049

六　瓜纹样及其文化内涵　/ 050

七　枣纹样及其文化内涵　/ 051

八　石榴纹样及其文化内涵　/ 052

九　莲花纹样及其文化内涵　/ 054

十　菊花纹样及其文化内涵　/ 056

十一　梅花纹样及其文化内涵　/ 057

十二　桃花纹样及其文化内涵　/ 059

十三　桂花纹样及其文化内涵　/ 061

十四　兰花纹样及其文化内涵　/ 063

十五　水仙纹样及其文化内涵　/ 064

十六　鸡冠花纹样及其文化内涵　/ 065

十七　蔷薇纹样及其文化内涵　/ 066

十八　桂圆纹样及其文化内涵　/ 067

十九　柑橘纹样及其文化内涵　/ 068

二十　万年青纹样及其文化内涵　/ 069

二十一　仙桃纹样及其文化内涵　/ 070

二十二　佛手纹样及其文化内涵　/ 071

二十三　松树纹样及其文化内涵　/ 072

二十四　柏树纹样及其文化内涵　/ 073

二十五　竹子纹样及其文化内涵　/ 074

二十六　葫芦纹样及其文化内涵　/ 075

二十七　梧桐纹样及其文化内涵　/ 076

二十八　灵芝纹样及其文化内涵　/ 077

二十九　萱草纹样及其文化内涵　/ 078

三十　　栗子纹样及其文化内涵　/ 079

三十一　荔枝纹样及其文化内涵　/ 080

三十二　天竺纹样及其文化内涵　/ 081

三十三　其他植物纹样及文化内涵　/ 082

八、动物篇

一　龙纹样及其文化内涵　/ 087

二　凤凰纹样及其文化内涵　/ 089

三　麒麟纹样及其文化内涵　/ 091

四　鹿纹样及其文化内涵　/ 093

五　蝙蝠纹样及其文化内涵　/ 095

六　鹌鹑纹样及其文化内涵　/ 097

七　仙鹤纹样及其文化内涵　/ 099

八　喜鹊纹样及其文化内涵　/ 101

九　螃蟹纹样及其文化内涵　/ 103

十　羊纹样及其文化内涵　/ 104

十一　大象纹样及其文化内涵　/ 106

十二　狮子纹样及其文化内涵　/ 107

十三　虎纹样及其文化内涵　/ 109

十四　蝴蝶纹样及其文化内涵　/ 110

十五　鸳鸯纹样及其文化内涵　/ 111

十六　猫纹样及其文化内涵　/ 113

十七　猴纹样及其文化内涵　/ 114

十八　马纹样及其文化内涵　/ 115

十九　猪纹样及其文化内涵　/ 116

二十　雄鸡纹样及其文化内涵　/ 117

二十一　蟾蜍纹样及其文化内涵　/ 119

二十二　鱼纹样及其文化内涵　/ 120

二十三　蝈蝈纹样及其文化内涵　/ 122

二十四　蜘蛛纹样及其文化内涵　/ 124

二十五　绶鸟纹样及其文化内涵　/ 125

二十六　神龟纹样及其文化内涵　/ 126

二十七　花豹纹样及其文化内涵　/ 127

二十八　其他动物纹样及文化内涵　/ 128

九、人物篇

一 刘海纹样及其文化内涵 / 131

二 麻姑纹样及其文化内涵 / 132

三 寿星纹样及其文化内涵 / 134

四 福神纹样及其文化内涵 / 136

五 和合二圣纹样及其文化内涵 / 138

六 童子纹样及其文化内涵 / 140

七 天官纹样及其文化内涵 / 141

八 财神纹样及其文化内涵 / 142

九 其他人物纹样及其文化内涵 / 143

十、器物篇

一 如意纹样及其文化内涵 / 147

二 银锭纹样及其文化内涵 / 148

三 元宝纹样及其文化内涵 / 150

四 斗笔纹样及其文化内涵 / 151

五 磬纹样及其文化内涵 / 152

六 戟纹样及其文化内涵 / 153

七 宝瓶纹样及其文化内涵 / 155

八 山石纹样及其文化内涵 / 157

九 八吉祥纹样及其文化内涵 / 158

十　宝盒纹样及其文化内涵 / 160

十一　爆竹纹样及其文化内涵 / 161

十二　贯钱纹样及其文化内涵 / 162

十三　圆环纹样及其文化内涵 / 163

十四　铜镜纹样及其文化内涵 / 164

十五　其他器物用具纹样及其文化内涵 / 165

十一、几何文字篇

一　万字纹纹样及其文化内涵 / 169

二　福字纹样及其文化内涵 / 170

三　寿字纹样及其文化内涵 / 171

四　喜字纹样及其文化内涵 / 172

五　回纹纹样及其文化内涵 / 173

六　祥云纹样及其文化内涵 / 174

七　其他几何文字及文化内涵 / 175

一、概念篇

一 什么是吉祥图案？

目前，学界对吉祥图案没有明确、统一的规范定义。

吉祥，最早见于《庄子》中"虚室生白，吉祥止止"的记载。《周易·系辞下》中也有"吉事有祥"的说法。汉代许慎的《说文解字》说："吉，善也。从士口""祥，福也。从示，羊声。一云善。"图案在《辞海》则有广义狭义之分：广义指为了对造型、色彩、纹饰进行工艺处理而根据事先设计的方案所制成之图样；狭义则专指器物上的装饰纹样和色彩。

综上，我们可以对吉祥图案下一个简要的定义：凡是为了表现好运、嘉兆，具有一定吉祥文化寓意的，构图、用色相对统一固定的纹样组合，都是吉祥图案。

从这个意义来说，吉祥图案一般包含四个要素：明确的主题思想和文化内涵，即吉祥寓意；程式化的构图方法和表达形式，即构成吉祥图案的纹样相对固定，只是组合方式略有差别；相对固定的色彩搭配；明确的适用范围和禁忌。

二 图案和纹样有哪些区别和联系？

图案和纹样常常相提并论，可相互替换。严格来说，图案和纹样有严格的区分，不论是内涵还是外延，图案的范畴均要大于纹样。纹样是构成图案的重要组成部分。它们之间的区别主要有如下三点。

形制方面：纹样是构成图案的元素。纹样通常是比较单一的形体，而图案则是由多个纹样组合而成的整体；纹样是研究抽象、归纳，图案是研究集成创造。

功能方面：由于纹样只是一种事物的抽象概括，所以纹样的指向性很强，很少有其他含义。而图案由于含有多个纹样，所以图案的装饰性很强，延伸意味很浓。例如，龙纹、凤纹如果各自单独出现，它们只表示龙、凤本身的含义，但如果将龙、凤纹组合在一起构成图案，除了表达龙、凤本身外，还会延伸出"吉祥"的含义（龙凤呈祥），这是龙纹、凤纹本身所不具有的。

色彩方面：纹样作为构成图案的单位元素，一般用色较为单一，而图案的用色则丰富很多。

三 吉祥纹样和装饰图案有哪些不同？

一般来说，吉祥图案是装饰艺术的重要内容，凡是吉祥图案都可以用于各种题材的装饰。装饰艺术中除了采用含有吉祥寓意的纹饰外，还有很多单纯的装饰纹样，这类纹样组合构成了装饰图案。吉祥图案和装饰图案的区别主要有如下三点。

功能不同：吉祥图案主要是为了追求和表达吉祥美好的寓意，而装饰图案则把审美装饰放在了首位，强调纹饰组合的整体美感形式，即吉祥图案重"意"，而装饰图案重"形"。

构图不同：吉祥图案的构图首先考虑的是尽可能全面地表达吉祥寓意，其次才会考虑纹样之间的组合形式及美感，所以吉祥图案的构图追求"寓意的完整和全面"。而装饰图案的构图首先就是为了追求装饰美感，至于寓意全不全、构成图案的纹样重复不重复等问题都是次要考虑的，所以装饰纹样的构图追求"形式的美感和秩序"。

内涵不同：吉祥图案因为本身所具有的吉祥寓意，所以包含了丰富的吉祥文化和民俗文化内涵，而装饰图案为了增强自身的装饰性，一般很少顾及文化内涵。

四 吉祥图案在传统文化史中的地位和价值？

  吉祥图案是传统文化遗产的重要组成部分，集中体现了古代的文化思想和审美情趣，是了解传统文化遗产、特定地域的历史文化与民俗风情的重要途径，是中国文化史的有机组成部分。

  例如，在中国文化发展史上，宋元时期市井经济趋向繁盛，我们可以从《清明上河图》中看到北宋都城汴京城市经济的繁荣。市井经济的繁荣在文化发展中最突出的表现即是出现世俗、流行和普及化倾向。宋代的吉祥图案开始出现大规模的世俗、流行和普及化倾向。所谓世俗，是指吉祥图案的题材来源。宋代流行的"天下乐"即灯笼纹，也叫庆丰收。其纹样来源便是农历正月十五的元宵节，即灯节。当时的元宵节通宵掌灯，赏灯为乐。此种民俗景物作为吉祥纹样，并以灯笼作为代表，名之为"天下乐"，便是宋代吉祥图案世俗化的典型代表。所谓流行是指吉祥图案开始大规模应用在各种器物上。宋代吉祥图案的载体从传统的金银、青铜器物拓展到棉纺织绣，特别是瓷器之中，成为时下的流行。所谓普及是指吉祥图案的内容含义通俗易懂。宋代流行的"一年景"，是以春、夏、秋、冬四季的景物或者花卉纹样组成的吉祥图案，以示完美之意。这种吉祥图案取材于现实生活，含义显而易见，十分便于普及和应用。

五 为什么说吉祥纹样是"经济基础"和"上层建筑"相互关系的产物？

由于题材的喜闻乐见和内容的福兆祥瑞，吉祥图案深受民众喜爱，被广泛地应用于民俗生活之中，成为增添节日气氛、表达美好祝愿的重要载体。但是，吉祥图案的应用一定要遵循"程式化的构图方法和表达形式"，这是指构成吉祥图案的纹样的造型、色彩、数量、大小等，一定要按照约定俗成的形式，否则表达出的含义就会和吉祥图案本身的含义相去甚远。例如，鸳鸯偶居不离，似夫妻恩爱相敬，所以鸳鸯纹常与莲花纹等组合，用于婚俗题材的吉祥图案中，以示夫妻恩爱好合。鸳鸯雌雄异体，在传统吉祥图案中常以头部的造型差别来区分。通常，头部毛发反翘者为雄，毛发后顺者为雌。但在很多婚俗用品中，鸳鸯头部的毛发造型完全一致，雌雄同体，成了"（鸳鸯）冤冤相报"，与其本意相差太远，甚至相反。"明确的适用范围和禁忌"是指吉祥图案中题材相近的纹样较多，选用时须依据实际择优采纳，才能恰如其分地表达吉祥寓意。例如，仙桃、寿石、松柏和寿字都是祝寿题材类的纹样，但寿石纹、松柏纹一般多用于向长者贺寿，有寿比南山、青松不老之意，若用于年少者，未免有"老成"之嫌。

二、历史篇

一　吉祥图案有着怎样的发展历程？

　　吉祥图案最早出现在商周时期，那时候的吉祥图案往往是由单个出现的纹样组成，没有复杂的组合形式，例如商周青铜器中最常见的饕餮纹、龙纹等。这些纹样的造型一般都很简洁，一般只由单独的正脸或者侧身组成，但纹样的细节却表现得非常夸张，往往表现出一种狰狞和震慑。这是由于商周是奴隶社会，青铜器是统治阶级用来祭祀的，是权力和身份的象征，刻画在青铜器上面的吉祥纹样自然也是要彰显他们与众不同、高人一等的身份。后来经过秦汉、唐宋的丰富和发展，吉祥图案的题材和种类逐渐增多，受神权和仙怪思想影响的神兽纹样逐渐减少，现世生活中常见的、表达自然美感的植物纹样逐渐增多。明清时期，吉祥图案的发展达到了鼎盛，图案的构图有了规范和定式，形成了"有图必有意，意必吉祥"的局面。现今我们在各种工艺美术类文化遗产中所看到的吉祥图案，不论是单个的纹样造型，还是整体图案的构图，几乎和明清时代相同，变化不大。

　　可以说，随着历史的发展，老百姓的求吉心理逐渐加强，吉祥图案本身的吉祥寓意也在逐渐丰富和完善。

二 历史上不同时代的吉祥图案都有哪些特点？

商周时期，受宗教、政治功能的影响，吉祥图案多以吉祥纹样的形式出现，题材主要集中为神兽，表情狞厉，造型简洁粗犷。

春秋战国时期，镶嵌、漆器工艺的进步和提高，使得吉祥图案的表现风格由简洁粗犷趋向精细繁杂。

秦汉时期，本土的道教、儒学思想逐渐趋于融合，并掺入许多神仙思想，再加上外来佛教的传入，这一时期非常流行"永生""祥瑞""超世"的思想，吉祥图案中开始出现大量祥瑞题材的凤、龟、虎等纹样。最具代表性的便是由"玄武、朱雀、白虎、青龙"纹样组成的"四灵"图案，集中体现了道教中神兽护卫的思想。此外，秦汉"祥瑞"思想对吉祥图案的影响还体现在汉字开始作为一种纹样大量出现在吉祥图案中，例如，考古出土的汉代的锦绣上就有"延年益寿大益子孙"的字样。

魏晋时期，战乱动荡导致佛教空前兴盛，大量佛教题材的吉祥纹样开始流行，忍冬纹和莲纹成为当时普遍的吉祥纹样。这一时期，莲花象征的佛教思想内涵与中国传统吉祥观念相互渗透，逐渐演变出"连生贵子""连年有余"的吉祥寓意。

隋唐时期，经济发达、思想活跃，大量花草植物纹样开始出现在吉祥图案中。此外，隋唐时期开始大量流行由植物纹样和动物纹样组合而成的吉祥图案，例如唐代铜镜和金银器中经常出现的缠枝凤纹。

宋元时期，吉祥图案的发展进入成熟和转型阶段。这一时期的吉祥图案风格多样、题材广泛，大量应用于建筑彩画、陶瓷、织绣等工艺美术类文化遗产中。转型是指这一时期的吉祥图案开始出现"世俗化"倾向，例如，元代开始流行民俗意味浓重的"鸳鸯戏莲"。

明清时期，吉祥图案逐渐形成了比较稳定的范式，吉祥文化寓意的发展到了顶峰，几乎所有的装饰图案都含有吉祥寓意，"有图必有意，有意必吉祥"。

三 为什么说吉祥图案是一笔宝贵的民俗资料？

工艺美术类文化遗产是文化遗产的重要组成部分，主要包括传统绘画技艺、镂空技艺、雕刻技艺、织绣技艺、印染技艺类文化遗产，这些遗产具有很高的美学和艺术价值。吉祥图案是传统工艺美术类文化遗产中装饰和造型艺术的重要组成部分，通过吉祥图案可以了解到特定时期工艺美术类文化遗产的审美情趣和社会风俗。许多镂空艺术、雕刻技艺的造型都以吉祥图案为基础，例如流行在陕北地区的《连年有余》《五福捧寿》剪纸。传统绘画、织绣、印染技艺中多用吉祥图案作为装饰图案，例如传统年画中常见的《和和美美》《福寿双全》等。

此外，相同题材的吉祥图案在不同门类的工艺美术文化遗产中往往采用不同的表现手法，例如镂空艺术剪纸对鱼的刻画非常细腻，往往用"毛刺儿"来装饰鱼鳞，但木雕对鱼的刻画就要粗犷很多，通过这些区别，我们可以看出不同门类工艺美术遗产技法的差异。

三、分类篇

一 吉祥纹样都有哪些分类标准和分类方法?

吉祥图案有很多种分类方法,一般来说,可以按组成吉祥图案的纹样题材、吉祥图案的形态、吉祥图案的构成和吉祥图案的主题寓意分类。

按构成纹样的题材分类,吉祥图案可分为人物、植物、动物、几何形(含文字)、用具器皿五类。按形态分类,吉祥图案可分为对称几何形、非对称几何形两类。按构成分类,吉祥图案可分为单独图案、重叠图案、连续图案和综合图案四类。按主题寓意分类,吉祥图案可分为福、禄、寿、喜、财五类。其中,福指幸福,禄指俸禄,寿指长寿,喜指喜庆,财指财富。著名学者张道一在福、禄、寿、喜、财的基础上进一步丰富完善,增加吉(吉利)、和(和气)、安(平安)、养(修养)、全(圆满)五类,进而将吉祥图案的主题寓意分类拓展到十种。

二 传统"五虫"分类法包含什么内容？

在古代，人们对人物类和动物类的吉祥图案有一种特殊的分类方法——"五虫"。这种分类方法最早见于《大戴礼记》："羽之虫三百六十，而凤凰为之长；有毛之虫三百六十，而麒麟为之长；有甲之虫三百六十，而神龟为之长；有鳞之虫三百六十，而蛟龙为之长；有臝之虫三百六十，而圣人为之长，此乾坤之美类，禽兽万物之数也。"即根据人物和动物的外形特征将纹样划分为"臝、鳞、毛、羽、昆"五类。

其中，"臝"指裸露无毛无鳞的生物，包括人类、蚯蚓、青蛙等，这类题材的纹样以"圣人"为首；"鳞"指具鳞的动物以及有翅的昆虫等，包括鱼类及蜥蜴、蛇等，这类题材的纹样以蛟龙为首；"毛"泛指所有的走兽、灵兽，这类题材的纹样以麒麟为首；"羽"泛指所有的飞禽和鸟类，这类题材的纹样以凤凰为首；"昆"指带壳的虫和水族，包括龟、虾等，这类题材的纹样以灵龟为首。

三 吉祥纹样的"五福"和"十全"分类是指什么？

"五福"和"十全"是传统吉祥纹样按照主题寓意分类最常见的两种方法。

"五福"在不同的时代和不同的地域有着不同的内涵。一般来说主要有三种：一是《尚书》五福说。《尚书》在论及治国安民的九条大法（洪范九畴）时首次提出"五福"概念："一曰寿，二曰富，三曰康宁，四曰攸好德，五曰考终命。"二是桓谭五福说。东汉思想家桓谭在其所著《新论》中提出的"五福"理想则是指"寿、富、贵、安乐、子孙众多"。三是民俗五福说。我国著名福文化学者殷伟认为，福是中国人的一种生存状态，福文化已融入中国人的血液里，积淀在老百姓的骨髓里，在民间民俗中形成了"福、禄、寿、喜、财"构成的"五福文化"。

著名学者张道一先生在传统"五福"（福、禄、寿、喜、财）的基础上进一步丰富完善，增加"吉、和、安、养、全"五个部分，构成"十全"。其中，"福"即幸福，古代以富贵寿考等为主要内容；"禄"即俸禄；"寿"即长寿，所谓"年齿久老"；"喜"即喜庆；"财"即财富，以财产和金钱为代表，其特征是富有。"吉"就是吉利，祥瑞、喜庆也都是吉；"和"是和气、和睦、和平；"安"即平安；"养"即修养；"全"即圆满、全面。

四 植物纹样和花草纹样的区别在哪里？

在许多现有的纹样分类中，植物纹样和花草纹样往往相提并论、混为一谈。其实，两者还是有很大区别的，总体来说植物纹样所包含的范围要小于花草纹样，花草纹样几乎囊括了所有的植物纹样。

具体而言，植物纹样主要指生活中实际存在的植物，花草纹样除了包括这些实际存在的植物外，还包括一些抽象的、现世生活中不存在的植物，如折枝纹、宝相纹等。

花草纹样产生的原因：第一，受社会思潮及审美观念影响，主要是指根据某些意象，因难以确认其在自然界的对应物；第二，纹样的造型需要在"借用"原来自然形的基础上不断地以原始崇拜的神秘意识对其进行渗透，使其原有造型发生变化；第三，受制作技艺及材质影响，原有的植物造型不能完全满足使自然造型不断简化和规律化，于是在植物纹样造型中出现了大量与自然原形相距甚远的抽象的、符号化的图形，如折枝纹、宝相纹。

五 动物纹样和祥禽瑞兽的区别在哪里？

动物作吉祥图案，一般有两种手法。一是运用动物的象征意义，往往来源于动物拟人化的品格象征或神话传说，多指祥禽瑞兽，如龙、麒麟、辟邪、天禄、鲲鹏、角端、螭虎、鳌鱼、狌犴等，神兽的造型也更加浪漫。这些神兽的造型美化，既写实又夸张，造型上注重气势和张力，强化其威武无敌的气势。二是运用动物的名称，与某些具有祥和意义的文字谐音而取其意，如蝙蝠的"蝠"通"福"，"鱼"通"余"，"鹿"通"禄"等，"虎"为百兽之王，代表雄性属阳，是勇气和胆魄的象征，它威武雄健，能除毒压邪，保佑安宁。"象"为食草动物，体形庞大圆润，力大无穷，性情温和，知恩必报，诚实忠厚，被誉为"兽中之德者"。"狮"在我国古代被视为法的拥护者，被看作权力威严的象征。"马"，将马奉为神，始于周代。周朝《周礼》所定的四时祭祀马神的礼制为："春祭马祖，夏祭先牧，秋祭马社，冬祭马步。"

四、特征篇

一 吉祥图案具有哪些特征？

1. 超时空性

中国是一个传统农业文明的国家，农耕文明思想对吉祥纹样的发展有着深远影响，它使传统吉祥图案在一定程度上具有持久性、延续性、稳定性，或者可以说吉祥图案具有一定的超时空性。这种超时空性不仅体现在传统吉祥图案自身的历史发展上，还表现在吉祥图案的受众群体上。

传统吉祥图案具有一定超阶级性，往往在全社会各阶层均受到热烈追捧。为什么吉祥图案能够突破阶级局限，而受到所有人的欢迎和喜欢呢？究其原因，与其自身带有的趋吉避凶的吉祥含义有根本关系。不管身处社会哪个阶层，对幸福、美满生活的向往心理都是相同的。而传统图案就是为满足人们这一文化心理而诞生的，它的这一先天优势使其能够在各个社会阶层畅行无阻、游刃有余。

2. 中国传统文化的重要组成部分

吉祥图案与中国传统思想文化观念紧密结合，成为传统文化的载体之一。儒、佛、道三家作为我国古代哲学思想的基础和核心，它们决定了传统吉祥纹样的内涵与外延。换句话说，吉祥图案无论在思想内涵还是表现形式上，都带有传统文化中儒、佛、道三家难以泯灭的印记。

3.具有区域化的特征

吉祥图案在民族之间、在地域之间，在共性的基础上表现出一定的差异性。由于民族文化习惯差异、地域民情风俗差异、人们职业身份差异等等，造成传统吉祥图案在不同的地域范围内，可能存在差别的情况。

二 为什么说"有图必有意、有意必吉祥"是吉祥纹样最显著的特征？

中国传统装饰的吉祥图案总是通过对某种物象的认知，以寓意、联想的形式来表达人们对美好事物的追求。而这种寓意或吉语谐音，或指物会意，或主观感悟，最终达到表达美好愿望的目的。而福寿平安、喜庆吉祥，是中华民族千古永恒的追求，用此类的吉祥图案来装饰，渲染喜庆气氛，祈福致祥，已成为中国人祈求幸福、美满和财富的心理的外在反映。这类吉祥寓意的美往往都"尽在不言"中了，如春节时，人们看到倒贴的"福"字，便知道"福到了"。这是中国特有的文化，尤其是谐音寓意，大概只有中国人才能心领神会其中的含义。"图必有意，意必吉祥"就是对这一种吉祥艺术的高度概况，其吉祥图案贯穿中国几千年的历史，并将继续发展。无论是在陶瓷、建筑、剪纸上，还是在年画、纺织上，作为装饰的吉祥图案都富有强大的生命力，说它是中国文化花苑中永不凋落的奇葩，一点也不为过。因此，可以说"有图必有意，有意必吉祥"是吉祥纹样最显著的特征。

五、方法篇

一 吉祥纹样常用的组合方法有哪些？

1. 适合纹样

适合纹样受一定外形限制，其纹样必须安置在特定的外形中。即使去掉外形，纹样仍保持外形轮廓的特点，如圆形、方形、三角形、椭圆形、菱形等。也有用自然形体作外形轮廓的，如葫芦形、花形、叶形、桃形、扇形等。适合纹样可以由一个或几个完整的形象组成，恰到好处地安排在一个完整外形内，达到构图和形象的完整性。其结构严谨，布局匀称、主题突出，力求外形与纹样形象和谐统一。适合纹样的构图形式可分为向心式、离心式、向心、离心结合式、旋转式、转换式、直立式、重叠式、均衡式、综合式等。

2. 角隅纹样

角隅纹样是指装饰在形体转角部位的纹样，又称角花，有直角、钝角、锐角之分。角隅纹样可以单独使用，也可以与边缘纹样配合使用。角隅纹样的构图有对称式、平衡式两种。角隅纹样的用途较广，如枕套、床单、台布、地毯、围巾等构图，多采用角隅纹样。

3. 边缘纹样

边缘纹样是装饰形体周边的一种纹样。它一般是用来衬托中心花纹或配合角隅纹样，也可独立用于装饰形体边缘。边缘纹样与二方连续纹样的不同点是，二方连续纹样可以无限伸展，而边缘纹样则受外形的限制。边缘纹样的构图有角对称式、边对称式、散点式、连续式、均衡式等。

4. 连续纹样

连续纹样是用一个或几个基本单位纹样向上下或左右无限重复运动，也可向上、下、左、右四个方向无限重复扩展，其特点是它的延续性。

二　吉祥纹样中"比喻"和"象征"的区别在哪里?

比喻是认知的一种基本方式,通过把一种事物看成另一种事物来认识它。也就是说,找到甲事物和乙事物的共同点,发现甲事物暗含在乙事物身上不为人所熟知的特征,而对甲事物有一个不同于往常的重新的认识。

象征则是文艺创作中托意于物、藏意于象的一种表现手法。它集中描写某一特定的具体形象,来表现与之相似或相近的某种抽象概念、思想感情。具体事物和抽象含义是水乳交融、难以剥离的。二者在吉祥纹样中的表现,以石榴象征多子为代表。

三 吉祥图案中"谐音"和"同音"的区别在哪里?

谐音、同音是吉祥图案常用的组合方法。通常,二者常被混淆,认为谐音即是同音。其实,严格来说,谐音是指利用巧妙的转换纹样发声的声母、韵母,转译为新的吉祥寓意。例如,葫芦谐音为福禄,将葫芦纹样原有的寓意转译为新的福、禄寓意。再如,佛手花(瓜)的"佛"的谐音为福,也是将佛手花(瓜)纹样原有的寓意转译为新的福寓意。

同音利用汉语同音不同义的特点转借所用同音字的寓意。例如"鱼"与"余"同音,将鱼纹样原有的寓意转译为"余"的寓意,即盈余、财富。再如"瓶"与"平"同音,将花瓶纹样原有的寓意转译为"平"的寓意,即平安。

六、构图篇

一 吉祥纹样常用的构图形式有哪些？

吉祥纹样的构图形式一般为对称式、中心式、团花式、并列式、挂笺式、全景式、喜相逢、八喜牡丹图式。

1. 对称式构图往往有事半功倍的效果，在民间，剪纸、风筝、年画等艺术形式都有对称的图形，一来可以简化设计创作过程，二来对称式构图往往庄严肃穆。对于一些吉祥纹样，例如《财神》，神祇纹样在百姓心目中是庄重威严的，对称式构图更能表达对神祇的敬意。

2. 中心式构图的各个纹样在整个图案中有主次关系，通常会强调主体纹样的中心地位，而主体纹样往往揭示主题，例如祝寿纹样《五福捧寿》中，中心的团寿表达福寿绵长的含义。

3. 团花式构图分为四折、六折、八折、十折、十二折等，多能烘托一种热烈的气氛，构成团花的每一个单元为楔形，整体向中心汇聚。花团锦簇，热闹非常，用于顶棚花，团圆美满。现存最早的剪纸《对马》即为十二折团花，表明在很早的历史时期，团花构图已被广泛采用。

4. 并列式构图是指各个纹样在整个图案中并无主次关系，如吉祥纹样《百寿图》，一百个寿字并无主次之分，都充当了一个完整寿字的分解图案。

5. 挂笺式专指剪纸纹样，如门笺、神龛挂钱等，用以装饰环境，渲染气氛。

6. 全景式纹样是指众多大人物和大场面的图案，一般用来表示重大题材或者热闹场面，以《百子图》为例，一百个童子嬉戏玩闹，祈求多子多福。

7. 喜相逢式的构图灵感来自于太极图，最经典的喜相逢图式当数《太极图》，阴阳两鱼相互嵌合，阴阳变化，生生不息。在后世图案中，将双鱼置换为喜鹊、生肖的图案也较为常见。

8. 八喜牡丹图式是在河洛地区流传的一种经典剪纸构图，不同于喜相逢的二元旋转，八喜牡丹图以八个图案旋转为主要特点，象征八卦，用于禳解灾病。而依据这一基本图式，对设计更多元的旋转图案也是极好的参照。

二 传统吉祥纹样的构图有哪些特点？

吉祥纹样讲究构图意象化，讲究图式的对称与均衡，追求整体图形的圆满，图式求全求满。

1. 构图意象化是指对于一些自然界中实际存在的物象，往往进行抽象的概括与提炼，比如《报喜图》中的花豹纹样，对花豹身体的纹路进行抽象概括，用圆形的斑纹来表示。对梅花鹿纹样，往往将鹿的斑纹抽象为梅花形状。

2. 图式的对称与均衡是指在构图时采用对称式、中心式、团花式、并列式等图案，突出一种整体性，在整体中有蕴含变化，动静相宜，深合太极哲学。

3. 图形的圆满表现在一些团花图式上，花团锦簇、花开万千，这种装饰烘托一种团圆美满的氛围。

4. 求全求满是指在吉祥纹样中，对于一个具体的物象，必须表现出它的所有元素，例如一朵花，必须要有叶与根，有根就有传承，才能代代延续，表现一个动物纹样，就要反映它的四肢，因为这样才能全，才能吉祥。

三 为什么说传统吉祥纹样的构图多以"意象构图"为主？

意象构图法是在空间层次上搭配和组合事物的方法，具体来说包括并置、动静、虚实、跳跃等手法。而这些手法的成功运用往往能够优化纹样意象空间的组合，从而更好地表达和蕴藏意境。

1. 并置是指以具有特定含义的物象出现在同一画面之内，表达一个具体的主题，如在传统纹样《四季花》中，单单抽取了最具有代表性的四种花卉，它们不可能同时并存，却将其并置，这种意象的组合处理印证了时空的流转。

2. 动静是指突出纹样的特定属性，有所发扬，必然有所收敛。在传统纹样《鹿鹤同春》中，鹿与鹤一静一动，给人间送去祥瑞，意象构图往往突出了这种动静关系。

3. 虚实关系是指将特定的主题进行分解，以实有表达想象。如纹样《一团和气》中，以实的物象，一个笑着的天官，表示福气美满，是处理虚实关系的最好例证。

4. 跳跃是指从一个主题跳到另外一个主题，以表达更多的吉祥祝愿。在经典纹样《五福捧寿》中，五只蝙蝠是福气的象征，而团寿是长寿的象征，从福文化跳跃到寿文化，表达了"福寿双全"的吉祥寓意。

七、植物篇

一　牡丹纹样及其文化内涵

牡丹是一种原产于我国北方地区的观赏花木，在秦岭及陕北地区至今仍有许多野生品种。牡丹在我国栽培历史悠久、品种繁多，明代薛凤翔在《亳州牡丹表》中列出269个牡丹的品种。牡丹素有"国色天香"的美誉，因为色泽娇艳、花瓣肥硕、圆润大方，与大富大贵的民俗心理尤为吻合。唐代皮日休有"落尽残红始吐芳，佳名唤作百花王"的诗句，所以牡丹常被称为"百花之王"。牡丹也是富贵的象征，周敦颐在《爱莲说》中称："牡丹，花之富贵者。"另外，牡丹花季正值深春，所以牡丹是民间所谓"四季花"（春季牡丹、夏季莲花、秋季菊花、冬季梅花，另有春季桃花之说）中春花的代表。

牡丹是中国传统吉祥图案中最为常见的题材之一，造型以硕大饱满的曲线形"朵"字纹为主要特征。

牡丹纹样与花瓶（"瓶"与"平"同音）组合，构成"平安富贵"；与如意组合，构成"富贵如意"；与水仙花（水仙与神仙均有仙字，多簇水仙寓意多位神仙）组合，构成"神仙富贵"；与海棠（"棠"与"堂"同音）组合，构成"满堂富贵"；与玉兰、海棠组合，构成"玉堂富贵"（"玉堂"即古时翰林院雅称）；与芙蓉花（"芙"与"富"谐音，"蓉"与"荣"同音，"花"与"华"谐音）组合，构成"荣华富贵"；与十个古钱（古代"钱"也作"泉，与"全"同音）组合，构成"十全富贵"；与蔓草（带）、绶带（"蔓"与"万"谐音，"带"与"代"同音）组合，构成"万代富贵"；与万字纹组合，也构成"万代富贵"；与石榴（象征多子）组合，构成"富贵多子"；与莲花、菊花、梅花、花瓶组合，构成"四季平安"；与莲花、菊花、梅花、如意组合，构成"四季如意"；与蝈蝈（"蝈"与"官"谐音）组合，构成"官居一品"；与寿石（或桃花、桃树、松、寿字）组合，构成"长命富贵"或"富贵寿考"（关于寿考，《诗经》载"周王寿考"。甲骨文"考"与"老"为同一字。周王，即文王也。文王是时九十余矣，故云寿考，意为长命）；与柏树（"柏"与"百"同音）组合，构成"富贵百龄"或"百年富贵"；与白头鸟组合，构成"白头富贵"；与猫组合，构成"富贵全盛"或"正午牡丹"（古人云："猫目睛旦暮圆，及午竖敛如线。"猫眼在早晚瞳孔多为圆形。正午光照强烈，猫眼驱光，瞳孔会收缩成一条竖直线。而正午恰是一天阳气最旺的时候，故正午牡丹寓意牡丹盛开，亦即富贵全盛）；与猫、蝴蝶（"猫"与"耄"谐音，"蝶"与"耋"同音，耄耋即长寿）组合，构成"富贵耄耋"。牡丹纹样单独构图，构成"花开富贵"或"国色天香"。此外，民间还将牡丹与凤凰两种纹样组合，构成

"凤戏(穿)牡丹"，寓意"花王(牡丹)配鸟王(凤凰)，富贵又吉祥"。

《花开富贵》(清代绣样)

二　柿子纹样及其文化内涵

柿子，也称丹柿，原产于我国长江流域。柿树为深根性树种，耐寒抗寒，结果年限多在百年以上，是坚实永固的象征，《酉阳杂俎》载："木中根固者，惟柿为最，俗谓之柿盘。"相传柿有七德，是品性贤能的象征，《酉阳杂俎》载："一寿，二多阴，三无鸟巢，四无虫蠹，五霜叶可玩，六嘉实，七落叶肥大。"柿果有蒂（果实与茎枝相连处），由四枚叶片组成，形似如意，两两相对，呈十字结构，是顺心如意的象征。柿子深秋结果，形为扁球状，色泽为朱，俗称"朱柿"，与"诸事"同音。

柿子纹样与万年青、灵芝（形似如意）组合，构成"万事如意"；与白菜（"白"与"百"谐音）组合，构成"百事如意"。成熟的朱柿单独构图，构成"诸事如意"。两枚柿子纹样与如意组合，构成"事事如意"（亦作"世世如意"）。三枚柿子（"柿"与"世"同音）与白菜（白菜有白、青之分）组合，构成"三世清白"。五枚柿子纹样组合，构成"五世同堂"。诸多柿子纹样组合，构成"诸事如意"。

三 枫树纹样及其文化内涵

枫树,落叶乔木,品种繁多,树姿优美,叶形秀丽,秋季叶片渐变为红色或黄色,还有青、紫色,是世界闻名的观赏树种。《献淮南李仆射》载:"马嘶红叶萧萧晚,日照长江滟滟秋。""枫"与"封"同音,旧时为封侯受禄的象征。枫叶的造型呈掌状,常为五裂,深秋由绿变红,"红"与"鸿"同音,象征鸿运吉祥。此外,"落叶"与"乐业"谐音,枫树亦为安居乐业的象征。

枫树纹样与猴("猴"与"侯"同音)、印绶组合,构成"封侯挂印";与鹌鹑("鹌"与"安"同音)、菊花("菊"与"居"谐音)组合,构成"安居乐业"。

四 葡萄纹样及其文化内涵

葡萄,葡萄科藤本植物,旧时亦称"蒲陶""蒲萄""蒲桃""葛藟"等。我国是葡萄属植物的起源中心之一,原产于我国的葡萄属植物约有30多种,《诗经》载:"南有蓼木,葛藟累之;乐只君子,福履绥之。"西汉张骞出使西域,带回了中亚的葡萄品种,《史记》载:"宛左右以蒲陶为酒。"葡萄果实圆润,簇拥成串,酸甜可口,是多子多福、人丁兴旺的象征,在民俗文化中是求子祈福的瑞果。一颗葡萄籽成活后,能结出千万颗葡萄,故葡萄是一本万利的象征。此外,葡萄熟透后,色泽红中透紫,民间视之"紫气东来"。

葡萄纹样与老鼠(民间视之为子神,或以松鼠代之)组合,构成"老鼠偷葡萄"(亦作"鼠戏葡萄"),是明清瓷器常见的吉祥图案,寓意人丁兴旺、一本万利。多串葡萄单独构图,配以藤叶,构成"多子多福"。

五　白菜纹样及其文化内涵

白菜，十字花科，草本植物，原产于我国北方地区。白菜富含维生素、膳食纤维和抗氧化物质，营养价值高。《本草纲目拾遗》载："白菜汁，甘温无毒，利肠胃，除胸烦，解酒渴，利大小便，和中止嗽。"白菜有白、青之分。白者，梗白叶黄，青者，梗白叶青，象征清廉守节。"白菜"与"百财"谐音，象征财富与金钱，是玉雕作品常用的题材。

白菜纹样与蝈蝈（"蝈"与"官"谐音）组合，构成"蝈蝈白菜"（亦作"做官发财"）；与三枚柿子（"柿"与"世"同音）组合，构成"三世清白"。数株白菜纹样组合，构成"清清白白"。

六 瓜纹样及其文化内涵

瓜，藤蔓植物，没有独立的茎干，以瓜蔓攀附于他物而生长。传统吉祥图案中，瓜为统称，其藤蔓绵延，果实累累，籽粒繁多，繁殖力极强，是多子多福的象征。旧时根据瓜的形状大小，分别将其称之为瓜与瓞。《诗经》载："瓜瓞绵绵，民之初生，自土沮漆。"《疏》云："大曰瓜，小曰瓞，瓜之近本初生者常小。"瓜蔓俗称"蔓带"，与"万代"谐音，象征千秋万代、绵延不绝。

瓜纹样与蝴蝶（"蝶"与"瓞"同音）组合，构成"瓜瓞绵绵"，祝颂子孙昌盛。大、小瓜纹样组合，配以藤蔓，构成"瓜瓞绵绵"。

七 枣纹样及其文化内涵

枣，属李科枣属植物，原产于我国，又名"红枣"。旧时有"繁枝四合，丰茂苍郁，离离朱实，甘如含蜜"的美誉。《群芳谱》载："(枣)一名木蜜。皮粗叶小，面深绿色，背微白，发芽迟。五月开小花，淡黄色，花落即结实。生青不堪食，渐大渐白，至微见红丝，即堪生啖，熟则纯红，味甚甘甜。"枣自古便是补中益气的良药，是健康长寿的象征，《本草纲目》载："(枣)补少气、少津液、身中不足。久服，轻身延年。"《千金要方》载："大枣久服，长生不饥。"此外，"枣"与"早"同音，枣内有籽核，取义"子"，是传统婚俗文化祈子的吉祥物，旧时婚仪中有新妇以枣、栗拜见舅姑的习俗。

枣纹样与栗子（"栗"与"立"同音）组合，构成"早立子"；与荔枝（"荔"与"立"同音，"枝"与"子"谐音）组合，亦为"早立子"；与花生（取"生"字音）、桂圆（"桂"与"贵"同音）组合，构成"早生贵子"；与莲花（"莲"与"连"同音）、桂花（"桂"与"贵"同音）组合，构成"连生贵子"，寓意子孙连绵、既多且贵。

八 石榴纹样及其文化内涵

石榴,原产波斯(今伊朗)一带,公元前2世纪时传入中国。晋代张华《博物志》载:"张骞使西域,还得大蒜、安石榴、胡桃、蒲桃、胡葱、苜蓿、胡荽、黄蓝,可做燕支也。"石榴体形圆润饱满,一果多籽,"万子同苞、金房玉隔",是多子多福的象征。《北齐书》载:"安德王延宗纳赵郡李祖收女为妃,后帝幸李宅宴,而妃母宋氏荐二石榴于帝前。问诸人,莫知其意。帝投之,收曰:'石榴房中多子,王新婚,妃母欲子孙众多。'帝大喜,诏收:'卿还将来。'仍赐收美锦二匹。"此外,石榴花是端午节有代表性的花草,常用于花簪等。

石榴纹样与佛手("佛"与"福"谐音)、寿桃组合,构成"三多图",寓意多子、多福、多寿;与船("船"与"传"谐音)、冠帽、绶带组合,构成"冠带传流"("榴"与"流"同音),寓意世代为官、流芳百世;与牡丹组合,构成"富贵多子";与蝙蝠("蝠"与"福"同音)组合,构成"多子多福";与佛手(或蝙蝠)、仙桃、九个如意组合,构成"三多九如";与莲花组合,构成"连生贵子";与笋("笋"与"孙"谐音)组合,构成"多子多孙";和萱草(别称宜男草)

组合,构成"宜男多子"。成熟爆裂(取义"开")的石榴单独构图,构成"榴开百子福"。

北京清华大学艺术博物馆湖蓝缎地榴开百子肚兜

九 莲花纹样及其文化内涵

莲花，睡莲科水生宿根植物，别名荷花、水芙蓉、水旦、水芸等，花期多为5月至7月，在民间美术中通常用来象征夏季。莲花各个部分都有特定的称谓，清代陈淏子《花镜》载："荷花总名芙蕖，一名水芝。其蕊曰菡萏，结实曰莲房，子曰莲子，叶曰蕸，其根曰藕。莲子曰菂，菂中名薏。"莲花具有很高的实用价值，明代李时珍《本草纲目》载："医家取为服食，百病可却。"莲藕、莲子除食用外，均可入药：莲藕补中益气，莲子清心降压，莲叶可解热止血，莲花也可捣敷入药，用于肿毒。北宋周敦颐《爱莲说》载："予独爱莲之出淤泥而不染，濯清涟而不妖，中通外直，不蔓不枝，香远益清，亭亭净植，可远观而不可亵玩焉。……莲，花之君子者也。"莲花清雅高洁，是君子气度的象征。莲花开花结果同时进行，盛开之时，莲蓬内便有很多莲子，且"莲"与"连"同音，寓意不断生育贵子，是多子的象征。在民俗婚庆俗中，通常用莲花来暗语女性（阴性），常和暗喻男性（阳性）的纹样（如鱼、娃娃等）组合，寓意阴阳相生、化生万物。另外，在佛教中，莲花被认为是西方净土的象征，孕育新生，所以莲花还有圣洁的含义。

莲花纹样与童子、笙（"笙"与"生"同音）组合，构成"连生贵子"；与石榴（石榴内多籽，"籽"与"子"同音）组合，构成"连生贵子"；与桂花（"桂"与"贵"同音）、莲蓬（内含莲子）组合，构成"连生贵子"；与鱼（金鱼、鲤鱼均可，"鱼"与"余"同音）组合，构成"连年有余"（亦作"鱼戏莲"）；与莲蓬、藕（"荷"与"何""藕"与"偶"同音）组合，构成"因何得偶"。一朵青色莲花（"青莲"与"清廉"同音）纹样单独构图，配以水草，构成"一品清廉"，寓意官居一品、清正廉洁；与鹭鸟（"鹭"与"路"同音）组合，构成"一路连科"，是古代科举的吉祥语，寓意连中三元（乡、会、殿三试头名），联科高中、金榜题名；与宝盒（"荷""盒"与"合""和"同音）、灵芝（形似如意）组合，构成"和合如意"。两朵莲花纹样单独构图（"荷"与"和"同音），构成"和和美美"；与两条鲤鱼（"鲤"与"理"同音）组合，构成"喜结连理"。由一株莲藕长出双生的莲花及莲叶，组成"并蒂同心"，寓意夫妇和睦、同偕到老（莲藕中空有孔，可通气，"通"与"同"谐音）。数株丛生的莲花组合，构成"本固枝荣"，莲花枝叶茂盛，根系发达，多为盘根，莲花丛生寓意"本固枝荣"、家道昌盛。

十 菊花纹样及其文化内涵

菊花，多年生宿根植物，花期主要集中在9月至10月，所以被称为秋菊，用来象征秋天。菊花在秋霜频频、气温骤降的深秋顽强绽放，被视为傲骨的象征。因是多年生宿根植物，菊花可多年生长开花，花瓣入药可明目清火、益气延年，所以也是长寿的象征。

常见菊花纹样的造型有两种：一种以波斯菊为代表，花瓣呈细条卷曲状，由中间向两边展开；另一种以万寿菊为代表，花瓣呈椭圆形，由中心向四周散射排开。

菊花纹样与"蝈蝈"（"菊"与"居"谐音，"蝈"与"官"谐音）组合，构成"官居一品"；与松树（松柏长青寓意长寿）组合，构成"松菊延年"；与牡丹（象征富贵）、莲花（"莲"与"连"同音）组合，构成"富贵连寿"；与喜鹊（"菊"与"举"谐音，喜鹊取喜庆、欢快之意）组合，构成"举家欢庆"；与梅花、兰花、竹子组合，构成"四君子"，寓意高雅、清廉。与牡丹（象征春天）、莲花（象征夏天）、梅花（象征冬天）、元宝组合，构成"四季进宝"。菊花纹样单独构图，配以山石花草，构成"寒菊图"，寓意铮铮傲骨，品幽高洁。九朵菊花纹样与鹌鹑（"菊"与"居"谐音，"九"与"久""鹌"与"安"同音）组合，构成"久世居安"。

十一 梅花纹样及其文化内涵

梅花,也叫蜡梅、寒梅,通常在冬春相交之际(即1月至2月)开放,有报春之意,为冬季的象征。同时,寒梅压雪傲放,所以也是傲骨的代表。梅花有五个花瓣,象征"五福"。关于五福最早的记载是《尚书·洪范》:"一曰寿,二曰富,三曰康宁,四曰攸好德,五曰考终命。"即长寿、富贵、康宁、好德、善终。古人认为梅具四德,初生蕊为元,开花为亨,结子为利,成熟为贞,生命的全程合在一起就是"元亨利贞"。《左传》载:"穆姜释随卦卦辞,读'元、亨、利、贞',以元为仁,亨为礼,利为义,贞为正,称为'四德'"。"梅花""梅梢""梅树"是吉祥图案中梅花纹样常见的三种表达方式,"梅梢"与"眉梢"同音。

梅花纹样的造型是由五个圆润的圆形花瓣构成,在传统吉祥纹样中,花瓣的造型及数量是区别不同种类花卉最有效、最常见的方法。

梅花纹样与喜鹊组合,构成"喜鹊登梅"(亦作"喜上眉梢""喜到枝头""喜报梅开""喜报春先");与竹叶组合,构成"青梅竹马";与冰裂纹组合,构成"冰雪梅花",寓意冰清玉洁;与松、竹组合,构成"岁寒三友";与松、佛手组合,构成"三清图",寓意清明、高洁;与松、竹、月、水纹组合,构成"五清图",五者的品质均清莹精亮,有清高、祥瑞的含义;与竹、喜鹊(两只)组合,构成"竹梅双喜";与竹、绶带鸟("竹"与"祝"谐音,"绶"与"寿"同音)组合,构成"齐眉祝寿";与松、竹、鹤组合,构成"长春瑞图",梅开百花之先、松为万年常青、竹为四时常茂、鹤为百羽之宗,用来祝贺大寿大喜。梅花纹样单独构图,则构成"梅开五福""梅开福到""春梅接福"。

十二　桃花纹样及其文化内涵

桃花在早春（农历二三月）开放，是春季的符号，象征春回大地、万物滋生，民间美术中将（桃、莲、菊、梅）称为"四季花"，象征时节。桃花是娇容美貌的象征，《诗经》载："桃之夭夭，灼灼其华。"桃花是健康长寿的象征，桃花泡酒饮服，可调节气血、驱除百病、改善面容，有延年益寿之功效。《太清方》载："三月三日采桃花，酒浸服之，除百病，好颜色。"民间通常将重瓣桃花称作"碧桃花"或"神仙花"。此外，旧时以桃树为"五木之精"，因其精魂生在鬼门，能压邪气、治百鬼，故常以桃符辟邪除秽。

桃花造型与梅花造型颇为相似，均有五瓣花瓣。不同的是，梅花花瓣呈圆形，而桃花花瓣则呈尖桃状。

桃花纹样与李花组合，构成"桃李成溪"；与牡丹、山石组合，构成"长命富贵"或"富贵神仙"（此处桃花专指重瓣桃花，即神仙花）；与桂花（"桂"与"贵"同音）组合，构成"贵寿无极"；与仙鹤组合，构成"鹤寿延年"，俗语"桃花百叶不成春，鹤寿千年也未神"；与菊花、海棠（桃花、菊花均有长寿的象征，"棠"与"堂"同音）组合，构成"寿寿满堂";与菊花、花瓶、鹌鹑(桃花、菊花均有长寿的象征,"瓶"与"平"同音,"鹌"与"安"同音)组合,构成"寿寿平安"。红色桃花纹样单独构图("红"与"鸿"同音,"桃"与"图"谐音),构成"大展鸿图"。

十三 桂花纹样及其文化内涵

桂花,因花开四瓣,上下、左右两两相对,形似"十"字,故民间称之为"十字花"。因"桂""贵"同音,所以桂花常被作为象征富贵的吉祥物。在中国古代神话传说中,月宫中有桂树,常把科举高中的人称为"月中折桂"或"蟾宫折桂"。《三字经》载:"窦燕山,有义方。教五子,名俱扬。"五代后晋窦燕山(原名窦禹钧),膝下五子皆中举进士,入朝为官,人称"窦氏五龙",故桂花亦有贵子贤孙的寓意。此外,桂花常开于秋季,故桂花亦为秋季的象征。

桂花("桂"与"贵"同音)与莲花("莲"与"连"同音)、笙("笙"与"生"同音)、童子组合,构成"连生贵子";与枣("枣"与"早"同音)、笙("笙"与"生"同音)组合,构成"早生贵子";与蝙蝠("蝠"与"福"同音)组合,构成"福增贵子";与牡丹、白头鸟组合,组成"富贵白头";与蟾蜍、玉兔组合,构成"蟾中折桂";与兰花、茉莉(桂花为佐食配料的状元,兰花为观赏花卉的状元,茉莉为熏香制茶的状元)组合,构成"香花三元";与攀爬的娃娃组合,构成"攀桂图";与仙桃(或桃花,寓意长寿)组合,构成"贵寿无极";与芙蓉花

("芙"与"夫"谐音,"蓉"与"荣"同音)组合,构成"夫荣妻贵"。

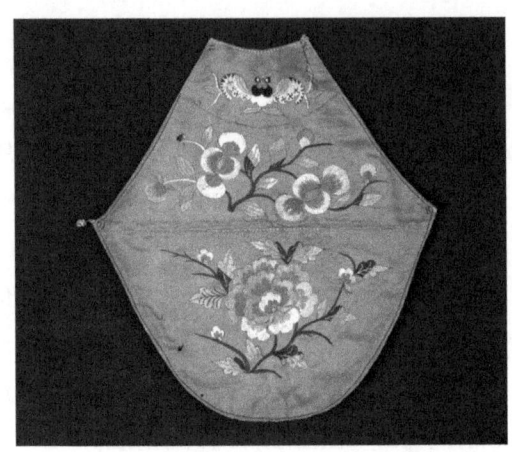

福增贵子(肚兜,大连博物馆藏)

十四　兰花纹样及其文化内涵

兰草是中国传统名花，幽香清远、别致淡雅，被誉为"香祖"，是花中"四君子"之一。兰花是爱情的象征，在女送男的定情佩饰中常有用兰草作图案，有"生结金兰、死同墓穴"之意。清代陈淏子《花镜》载："兰，又一种其叶较兰稍阔而柔，花开紫白者，名荪。""荪"与"孙"同音，故以兰花喻子孙。又《晋书》记载，谢安子侄皆贤，比作芝兰玉树生于庭阶，喻指贵子贤孙。

兰花造型主要依靠叶片辨别，兰花叶片翠绿狭长，中有凹槽，横切面呈"V"字形。花朵由三枚花萼（狭长带尖）和三枚花瓣组成。

兰花纹样与桂花（取五代窦禹钧五子喻五桂之典故）组合，构成"兰桂齐芳"，寓意教子有方、俱成功名；与灵芝（或竹）组合，构成"君子之交"；与梅、竹、菊组合，构成"四君子"；兰花纹样单独构图（取兰花称香祖，紫、白兰称荪之义），构成"寿献兰荪"。

十五　水仙纹样及其文化内涵

　　水仙，石蒜科，多年生草本植物，因其性喜水，故名水仙。《本草纲目》载："水仙宜卑湿处，不可缺水，故名水仙。"《水仙花志》载："此花得水则新鲜，失水则枯萎……初名水鲜，谐音为水仙。"相传水仙为水中仙子所化，芬芳清新、素洁优雅、高洁脱尘，颇为君子所好。《拾遗记》载："屈原以忠见斥……被王逼逐，乃赴清泠之水。楚人思慕，谓之水仙。"因名有"仙"字，且数株簇拥相伴，犹仙家集庆，故水仙为"群仙"的代称。

　　水仙花瓣六裂而紧合，形似酒杯，花蕊金黄如副冠，金黄如盏，加之花朵轻巧玲珑，故称其单瓣者为"金盏银台"，复瓣者为"玉玲珑"。水仙与兰、菊、菖蒲为伍，系"花中四雅"；与梅花、茶花、迎春花并列，为"雪中四友"。

　　水仙纹样与松树组合，构成"群仙拱寿"；与竹（"竹"与"祝"谐音）、寿石组合，构成"群仙祝寿"；与灵芝、竹、寿石组合，构成"芝仙祝寿"；与绶带鸟、蜡梅、天竹组合，构成"天仙供寿"；与天竹、灵芝、寿石组合，构成"天仙寿芝"；与绶带鸟、寿石组合，构成"代代寿仙"；与宝瓶（常为方壶）、松树、灵芝、梅花、莱菔（萝卜）组合，构成"仙壶集庆"；与牡丹组合，构成"神仙富贵"。

十六　鸡冠花纹样及其文化内涵

鸡冠花，一年生草本植物，原产非洲、美洲热带和印度。据考证，我国的鸡冠花多源于印度，旧时称"波罗奢花"，最迟始于隋唐，宋时已广泛栽植。《种花口号》载："幽居装景要多般，带雨移花便得看。禁奈久长颜色好，绕阶更使种鸡冠。"鸡冠花品种繁多、色彩鲜明，具有很高的观赏及药用价值。《群芳谱》载："有扫帚鸡冠，有扇面鸡冠，有缨络鸡冠，有深紫、浅红、纯白、淡黄四色。"《滇南本草》载："（鸡冠）花有赤、白，止肠风血热。""冠"与"官"同音，是爵位俸禄的象征。"鸡冠"与"吉官"谐音，民俗婚庆常以鸡冠花祝颂新郎官"荣华富贵"。

鸡冠花纹样与雄鸡（头顶有冠，与"官"同音）组合，构成"官上加官"，寓意仕途通达、步步高升；与蝈蝈（"蝈"与"官"谐音）组合，亦构成"官上加官"。

十七　蔷薇纹样及其文化内涵

蔷薇，常绿小灌木，因月月开花，故称月季花，因四时不绝，亦称长春花，象征四季，寓意一年到头。蔷薇花色多样，有单瓣、重瓣之分，其香气芬芳、浓郁久远，可用于熏香。《咏蔷薇》载："当户种蔷薇，枝叶太葳蕤。不摇香已乱，无风花自飞。"因不畏酷暑严寒、四时艳丽，故被誉为"花中皇后"。蔷薇花红苞逐月、四季常春，是长寿的象征。

蔷薇纹样与宝瓶（"瓶"与"平"同音）组合，构成"四季平安"；与山石（寓意长寿）、白头鸟（寓意夫妻白头偕老）组合，构成"长春白头"；与万字纹（或葫芦，葫芦有蔓带，与"万代"谐音）组合，构成"长春万代"；与桃花（或仙桃，寓意长寿）、竹子（"竹"与"祝"谐音）、灵芝组合，构成"群芳祝寿"；与牡丹组合，构成"富贵长春"；与天竹、地瓜组合，构成"天地长春"；与松树组合，构成"不老长春"（亦作"长生不老"）；与松树、仙鹤组合，构成"松鹤长春"。

十八　桂圆纹样及其文化内涵

桂圆，别名龙眼、益智，常绿乔木，原产于我国南方地区，以福建产为佳。《后汉书》载："《广雅》曰：'益智，龙眼也。'《交州记》曰：'龙眼树高五六丈，似荔枝而小。'"其肉似荔枝，但味道稍逊，也叫作荔奴，其养心补血之功效反优于荔枝。《本草纲目拾遗》载："类聚要方用西洋参蒸桂圆，服之神效。""桂"与"贵"同音，象征荣华富贵，桂圆内有籽，寓意"贵子"。民间将桂圆果实称为"桂子"，与"贵子"同音。

桂圆与枣（"枣"与"早"同音）、花生、莲花（"莲"与"连"同音）组合，构成"早生贵子"；与核桃、荔枝组合（三者外形都为"圆"，与"元"同音），构成"连中三元"寓意连续高中解元、会元、状元。与牡丹组合，构成"富贵姻缘"（"圆"与"缘"同音）。三个桂圆纹样（"圆"与"元"同音）与喜鹊组合，构成"喜报三元"。

十九 柑橘纹样及其文化内涵

柑橘,为橘、柑、橙、金柑、柚、枳等的总称,常绿灌木,品种繁多,起源于我国云贵高原地区,至今有4000多年的栽培历史。橘自古便被视为珍果,其果肉酸甜可口,外皮亦可加工制成陈皮,具有很高的药用价值。《农政全书》载:"夫橘,南方之珍果,味则可口,皮核愈疾,近升盘俎,远备方物。而种植之,获利又倍焉,其利世益,故非可与他果同日语也。""橘"与"吉"谐音,大橘寓意"大吉",是吉祥、顺意的象征。金橘寓意"金吉",象征财富。

柑橘纹样与柿子("柿"与"事""世"同音)组合,构成"事事大吉"(亦作"世世大吉");与万年青、柿子组合,构成"万事大吉"(亦作"万世大吉");与鲇鱼("鲇"与"年"同音)组合,构成"年年大吉";与百合、柿子组合,构成"百事大吉"(亦作"百世大吉")。

二十　万年青纹样及其文化内涵

万年青，多年生草本植物，分布于中国和日本。四季常绿、经冬不凋，春季开花、秋季结果。因其外形硕大、枝叶翠绿、果实鲜红，且名称讨喜吉利，万年青是富有、吉祥、太平、长寿的象征，广泛应用于岁时节令和人生礼仪中。《花镜》载："吴中人家多用之，造屋易居，行聘治圹，小儿初生，一切喜事，无不用之，以为祥瑞口号。至于结姻礼聘，虽不取生者，亦必剪造绫绢，削其形以代之。"

万年青纹样与竹（"竹"与"祝"谐音）、寿字（或寿石）组合，构成"万年祝寿"；与桶（"桶"与"统"同音）组合，构成"一统万年"；与灵芝组合，构成"万年如意"；与百合组合，构成"和合如意"。

二十一　仙桃纹样及其文化内涵

仙桃，别名寿桃、蟠桃。民俗文化视其为仙家生果，具有延年益寿的功效。传说蟠桃三千年一开花、三千年一结果，食一枚可增寿六百年，汉代东方朔曾三次偷食而成仙。仙桃是长寿的象征，《神农经》载："玉桃服之长生不死。若不得早服之，临死服之，其尸毕天地不朽。"传统吉祥图案中的仙桃有两种造型：一为倒心形状的普通寿桃；一为扁平状的蟠桃。

仙桃纹样与蝙蝠、如意组合，构成"福寿如意"；与蝙蝠、贯钱组合，构成"福寿双全"；与寿星组合，构成"蟠桃献寿"；与五只蝙蝠组合，构成"五福捧寿"；与石榴、佛手、九个如意组合，构成"三多九如"；与灵芝、水仙、天竹组合，构成"芝仙祝寿"；与松树、柏树、山石组合，构成"嵩山百寿"；与桂花组合，构成"贵寿无极"；与万年青、长春花组合，构成"万年长春"；与绶带鸟（"带"与"代"同音）、水仙组合，构成"代代寿仙"；与牡丹组合，构成"长命富贵"。多只仙桃与多只蝙蝠组合，构成"多福多寿"

二十二　佛手纹样及其文化内涵

佛手，即佛手柑，原产于印度。其果实有裂，状如人手，故名。《花镜》载："其皮生绿、熟黄，色若橙而光泽，内肉白而无子，虽味短而香馥最久，置室内笥中，其香不散。南人以此雕镂花鸟，作蜜饯果实甚佳。""佛手"与"福寿"谐音，是福、寿的象征。此外，在佛教中，常以佛手喻佛。

佛手纹样与石榴（象征多子）、寿桃（象征多寿）组合，构成"三多图"（亦作"华封三祝"）；与水仙组合，构成"学仙学佛"；与九个如意、仙桃、石榴组合，构成"三多九如"。

《喜三多》（多子、多福、多寿）

二十三　松树纹样及其文化内涵

松树，常绿乔木，表皮粗糙，树冠蓬松，品种较多，常见有罗汉松、马尾松、油松等。松树生长期长，凌霜不凋，冬夏常青，以静延年，是长寿的象征。《花镜》载："松为百木之长，……皮粗如龙鳞，叶细如马鬣，遇霜雪而不凋，历千年而不损。"松树根系发达，扎根磐石陡壁，岿然不动，是傲骨峥嵘、高风亮节的象征。此外，松树冠荫纳凉，结籽以供他者所食，似君王治道泽惠，是政清民和的象征。《太平御览》载："君乘木而王，其政平，则松为常生。"

在传统吉祥图案中，松树常以叶片及树干表皮的特征区别于他树：叶形似针，呈扇形或球形散射状；表皮粗糙，似鱼鳞状。

松树纹样与仙鹤组合，构成"松鹤延年"（亦作"松鹤延龄"），俗语"鹤算千年寿，松林万古春"；与柏树组合，构成"松柏同春"（亦作"松柏常青"）；与菊花组合，构成"松菊犹存"；与竹、梅组合，构成"岁寒三友"；与宝瓶（方形瓶，亦名仙壶）、水仙、梅花等组合，构成"仙壶集庆"；与月季（又名长春花）组合，构成"长春不老"。

二十四　柏树纹样及其文化内涵

柏树，常绿乔木，品种繁多，常见有侧柏、圆柏、扁柏、花柏等多个种属。柏树为百木之长，是长寿的象征。《本草纲目》载："柏性后凋而耐久，禀坚凝之质，乃多寿之木，所以可入服食。"柏树庄重肃穆、苍劲刚直，是权位禄秩的象征。《字说》载："柏犹伯也，故字从白。"古代五爵（公、侯、伯、子、男）中，伯列位第三。旧时认为柏树有灵，可祛秽辟邪，《本草纲目》载："元旦以之浸酒辟邪"，民间亦有插柏枝以辟邪的习俗。"柏"与"百"同音。

柏树纹样与松树组合，构成"松柏同春"；与鹿（"鹿"与"禄"同音）组合，构成"百龄食禄"；与柿子（"柿"与"事"同音）、灵芝（象征如意）组合，构成"百事如意"；与柿子、大橘（"橘"与"吉"谐音）组合，构成"百事大吉"；与牡丹组合，构成"富贵百龄"（亦作"百年富贵"）。

二十五　竹子纹样及其文化内涵

　　竹子，草本速生植物。竹子是君子、雅士的象征，竹竿中空外直、节理发育、似君子虚怀若谷、秉直节高。相传竹有七德：竹身形挺直，宁折不弯，是曰正直；竹虽有竹节，却不止步，是曰奋进；竹外直中空，襟怀若谷，是曰虚怀；竹有花不开，素面朝天，是曰质朴；竹超然独立，顶天立地，是曰卓尔；竹虽曰卓尔，却不似松，是曰善群；竹载文传世，任劳任怨，是曰担当。竹子是平安的象征，《酉阳杂俎》载："卫公言北都惟童子寺有竹一窠，才长数尺。相传其寺纲维，每日报竹平安。"在民俗文化中，竹子是求子祈福的祥物，幼竹为笋，"笋"与"孙"谐音，"竹"与"祝"谐音，"竹生笋"寓意"祝生孙"。

　　竹子纹样与梅、松组合，构成"岁寒三友"；与梅花、兰花、菊花组合，构成"四君子"；与梅花、喜鹊组合，构成"竹梅双喜"；与奔马、信使组合，构成"竹报平安"；与梅花（"梅"与"眉"同音）、绶带鸟（"绶"与"寿"同音）组合，构成"齐眉祝寿"；与鹌鹑（"鹌"与"安"同音）组合，构成"竹报平安"；与水仙组合，构成"祝仙图"。此外，民间常将竹子与梅花连用，寓意夫妻和睦幸福，俗语："绿竹生笋，梅结红实。"

二十六　葫芦纹样及其文化内涵

葫芦，藤本植物，别名瓠瓜，成熟可食用，熟透风干后，可制为器具。在古代神话中，葫芦孕育了人类，是人类的母体。"葫芦"与"福禄"谐音，象征长寿、富贵。葫芦腹内籽粒饱满、繁多，象征人丁兴旺、多子多孙。旧时婚俗流行合卺之力，将葫芦对剖作瓢，以线相连，用之饮酒，寓意夫妇之始、同心好合。葫芦藤蔓密集、结实，俗称"蔓带"，与"万代"谐音，象征子孙万代、绵延不绝。此外，在道教中，葫芦为驱邪避煞的神物，多为仙道的法宝。端午时节，民间认为悬挂或佩戴葫芦能驱邪避瘟、带来好运。

葫芦纹样与月季（又名长春花）组合，构成"万代长春"；与两枚贯钱（古时"钱"作"泉"，与"全"谐音）组合，构成"福禄双全"。葫芦纹样单独构图，配以藤蔓（即蔓带），构成"子孙万代"。

二十七 梧桐纹样及其文化内涵

梧桐,落叶大乔木,树干挺直,高二三丈,叶有长柄,呈心形。梧桐具有很高的实用价值:梧桐子可食,补气养阴、明目清肝;梧桐木可制乐器,《齐民要术》载:"梧桐山石间生者,为乐器则鸣。"《论衡》载:"神农黄帝削桐为琴"。梧桐自古便为灵树,既能知时守节,也能昭示国运兴衰,《花镜》载:"此木能知岁时,清明后桐始华;桐不华,岁必大寒。立秋是何时,至期一叶先坠。"《礼纬斗威仪》载:"君乘火而王,其政平,梧桐为常生。"相传梧桐能引来凤凰,是祥瑞嘉庆的象征,《诗经》载:"凤凰鸣矣,于彼高岗。梧桐生矣,于彼朝阳。"俗语:"栽下梧桐树,引来金凤凰。"

梧桐纹样与喜鹊组合,构成"同喜"。

二十八　灵芝纹样及其文化内涵

灵芝，又称瑞芝、瑞草，《说文》载："芝，神草也。"相传灵芝生长于王者德仁之世，是政清民和、河清海晏的象征，《花镜》载："灵芝一名三秀，王者德仁则生。"道家认为食用灵芝可保长寿、羽化登仙，是健康长寿的象征，《神农本草经》载："（灵芝）益心气，不中增智慧不忘，久食轻身不老，延年成仙。"

传统吉祥图案中，灵芝外形呈伞状，似如意，有柄。另，多数图案常以如意云朵头代替灵芝伞状外形。

灵芝纹样与水仙、竹（"竹"与"祝"谐音）、寿石（象征长寿）组合，构成"芝仙祝寿"（亦作"天仙寿芝"）。九株灵芝纹样组合，构成"芝九茎"（《史记·孝武本纪》载："甘泉防生芝九茎。"），寓意盛世祥瑞、福寿康宁。

二十九　萱草纹样及其文化内涵

萱草，百合科多年生草本植物，旧时亦称鹿葱、宜男草，《齐民要术》载："鹿葱，《风土记》曰：'宜男草也，高六，赤花。'"亦名忘忧草，黄花菜是其唯一可食用的品种，《博物志》载："萱草食之，令人好欢乐，忘忧思，故谓忘忧草。"萱草观赏性极高，叶姿纤美优雅，花开数十日，且一花仅开一日，早开晚谢，无香味，多为橘红色至橘黄色，故又称"日花百合"。萱草是传统婚俗文化祈子的吉祥物，是利子、多子的象征，俗称"宜男草"，《博物志》载："妇人不孕，佩其花则生男。"

萱草纹样与石榴（象征多子）组合，构成"宜男多子"；与寿石（象征长寿）组合，构成"宜男益寿"。萱草纹样单独构图，构成"宜子孙"。

三十　栗子纹样及其文化内涵

栗子，学名板栗，原产我国，栽培历史悠久，《诗经》载："树之榛栗，椅桐梓漆""山有嘉卉，侯栗侯梅"。相传，栗为西天之木，此木只一株，商周时期便以栗木制作练祭所立的神主，后通称宗庙神主为"栗主"，《公羊传》载："虞主用桑，练主用栗。""栗"与"立"同音，栗子寓意立子，是传统婚俗文化祈子的吉祥物，俗语："一把栗子一把枣，小的跟着大的跑。"《白虎通义》载："妇人之贽，以枣栗腶修。枣，取其朝早起；栗，战栗自正也。今齐鲁之俗，娶妇必用枣栗，谚云早立子也。"

栗子纹样与枣（"枣"与"早"同音）组合，构成"早立子"，寓意早生贵子。栗子纹样单独构图，构成"立子图"（亦作"利子图"，"栗"与"利"同音）。

三十一 荔枝纹样及其文化内涵

荔枝，常绿乔木，春季开花，夏季结果，为"南国四大果品"（荔枝、香蕉、菠萝、龙眼）之一。荔枝原产于我国南方地区，其栽培及实用的历史可追溯至汉。荔枝旧时作"离支"，意为摘果之时须与枝丫一同取下，以保味之鲜美。《花境》载："（荔枝）若离本枝，一日色变，二日香减，三日味变，四五日之外，色香味尽矣。"《农政全书》载："有经四百余年犹能结实者。"荔树枝繁叶茂、长寿多果，福建、广西等地有千年荔树仍能开花结果，是吉祥长寿的象征。"荔枝"与"立子""利子"谐音，象征多子多福。"荔"与"俐"同音，象征聪慧伶俐。此外，荔枝果实为圆，"圆"与"元"同音，与桂圆、核桃组合，象征科举"三元"。

荔枝纹样与枣（"枣"与"早"同音）组合，构成"早立子"；与葱（"葱"与"聪"同音）、菱角（"菱"与"伶"同音）、藕组合，构成"聪明伶俐"。荔枝纹样单独构图，构成"利子图"（亦作"立子图"）。

三十二　天竺纹样及其文化内涵

　　天竺，别称南天、天竹、南天竹，木本花卉，原产于我国长江中下游地区。天竺和竹子是两种不同的植物，其叶不及竹叶修长，通常春季为墨绿、秋季变红，观赏性极高，是吉祥好运的象征。《九华志》载："虚中疏节，丛生如竹，稠密不凋，春青、夏碧、秋丹、冬紫。"天竹花期为3月至6月，花朵碎小粉白，秋季结果，果实红润成串，似丹砂，加之名中有"天"，是仙道、长寿的象征。"竹"与"祝"谐音。

　　天竺纹样与水仙组合，构成"祝仙图"；与水仙、寿石、灵芝组合，构成"天仙寿芝"；与地瓜（南瓜）组合，构成"地久天长"；与地瓜、长春花组合，构成"天地长春"；与绶带鸟、梅花、水仙组合，构成"天仙拱寿"。

三十三　其他植物纹样及文化内涵

葱："葱"与"聪"同音，是聪慧的象征。葱纹样与菱角（"菱"与"伶"同音）、荔枝（"荔"与"俐"同音）组合，构成"聪明伶俐"。

笋："笋"与"孙"谐音，是子孙后代的象征。笋纹样与石榴、葫芦组合，构成"子孙万代"。

摇钱树：相传一种长满铜钱的宝树，摇树则钱坠不断，且树枝会立马长出新的铜钱，是传统民俗文化中求财祈福的吉祥物。摇钱树纹样单独构图，配以金银珠宝，构成"财源滚滚"。

地瓜：在传统吉祥图案中是一种泛称，而非特指地瓜红薯。多数瓜类攀附地面开花结瓜，在吉祥图案中，均代称地瓜（多为南瓜）。地瓜纹样与天竹纹样组合，构成"地久天长"。

谷穗："穗"与"岁"谐音，象征年岁。九株谷穗（九为阳数之极，象征极多）插入宝瓶（"瓶"与"平"同音），构成"岁岁平安"。

萝卜：学名莱菔，上古称为芦，中古称为莱菔，后世俗称萝卜。萝卜具有一定的食用和药用价值，旧时被视为吉果。萝卜纹样与宝瓶（常为方壶）、灵芝、梅、水仙组合，构成

"仙壶集庆"。

花生：即落花生，一年生草本植物，俗称长生果，牵拉其根，则有累累果实成串不断，加之其名有"生"，是生生不息的象征。此外，花生风干后可长期保鲜不腐，是长寿的象征。花生纹样与莲花、桂圆组合，构成"连生贵子"；与枣、桂圆组合，构成"早生贵子"。花生纹样单独构图，构成"长生不老"。

藕：即莲根，中空有孔、通透可见，取"明"之义。此外，"藕"与"偶"同音，象征成双成对。藕纹样与葱、菱角、荔枝组合，构成"聪明伶俐"；与莲花（别名荷花，"荷"与"何"同音）组合，构成"因何得偶"（相传宰相李贤纳婿，出上联：因荷〔何〕而得藕〔偶〕，程敏政对曰：有杏〔幸〕不须梅〔媒〕，寓意机缘得偶）。

八、动物篇

一 龙纹样及其文化内涵

龙是中国传统吉祥图案中最为常见的题材,是权势、高贵、尊荣的象征。《易经》载:"云从龙,风从虎。"唐代韩愈《杂说·龙说》载:"龙嘘气成云。"龙被奉为雨神。民间将有鳞的称蛟龙,有翼的称应龙,有角的称虬龙,无角的称螭龙,尚未升天的称蟠龙,喜水的称蜻龙,喜火的称火龙,喜鸣的称鸣龙,好斗的称蜥龙。其中,虬龙为群龙之长。清代王晫《龙经》载:"虬龙为群龙之长,能进退群龙,乘云注雨,以济苍生。"故龙被视为祈雨、辟邪之神。传说龙有九子:囚牛、睚眦、嘲风、蒲牢、狻猊、霸下、狴犴、负屃、螭吻。

传为明代唐寅汇辑的《六如居士画谱》首次提出龙的标准造型:"三停九似"。所谓"三停"即"自首至膊,膊至腰,腰至尾,皆相停也",由胳膊和腰将龙身三等分。所谓"九似"即"角似鹿、头似驼、眼似兔、项似蛇、腹似蜃、鳞似鱼、爪似鹰、掌似虎、耳似牛"。龙的各部位都有特定的寓意:突起的前额表示聪明智慧;鹿角表示社稷和长寿;牛耳寓意名列魁首;虎眼表现威严;魔爪表现勇猛;剑眉象征英武;狮鼻复象征宝贵;金鱼尾象征灵活;马齿象征勤劳和善良等。

龙纹样与凤组合，构成"龙凤呈祥"；与祥云组合，构成"团龙纹"；与龙门、鲤鱼组合，构成"鲤鱼跃龙门"（亦作"鱼化龙"），寓意科举高中、步入仕途。大小两条龙纹样组合，构成"苍龙教子"。两条龙纹样与火珠组合，构成"二龙戏珠"。祥龙携子登天、入海（海中有潮，"潮"与"朝"同音），构成"带子上朝"，寓意世代为官、权高位重。

二 凤凰纹样及其文化内涵

凤凰，亦称为丹鸟、火鸟、鹍鸡、威凤等，古代瑞兽之一，为百鸟之王。《大戴礼记》载："有羽之虫三百六十，而凤凰为之长。"传说凤凰为火所生，《春秋元命苞》载："火离为凤。"凤和凰原指两种五彩鸟，凤是凤鸟，凰则是皇鸟。凤凰的造型，众说不一，《尔雅·释鸟》郭璞注："鸡头、蛇颈、燕颔、龟背、鱼尾、五彩色，高六尺许。"凤凰的颜色有五类：赤色为凤，青色为青鸾，黄色为鹓鶵，白色为鸿鹄，紫色为鸑鷟。起初，凤为雄，凰为雌，总称凤凰。秦汉以降，凤凰的形象逐渐雌雄不分，整体"雌"化，与龙相对，是阴的代表。

作为百鸟之王的凤凰，群鸟从其飞，似君臣治世之道，象征权位和仁德盛世，是治乱兴衰的晴雨表，《史记》载："四海之内感戴舜功，兴九韶之乐而凤凰翔天下。"

凤凰纹样与梧桐、朝阳组合，构成"丹凤朝阳"，寓意贤才遇时或稀世之瑞（《诗经》："凤凰鸣矣，于彼高岗。梧桐生矣，于彼朝阳。"）；与群鸟组合，构成"百鸟朝凤"（亦作"仪凤图"），寓意贤者有德；与牡丹组合，构成"富贵吉祥"；与龙组合，构成"龙凤呈祥"；与麒麟组合，构成"凤麟呈祥"。

凤凰纹样单独构图，构成"有凤来仪"（亦作"凤凰于飞"）（《尚书》："箫韶九成，有凤来仪。"）；两个凤凰纹样组合，构成"凤求凰"，寓意夫妻恩爱、相敬如宾（《诗经》："凤皇于飞，翙翙其羽。"）。

《凤凰》

三　麒麟纹样及其文化内涵

麒麟，中国传统瑞兽，是四灵之首，为百兽之长。《礼记·礼运》载："何谓四灵？麟、凤、龟、龙，谓之四灵。"传说麒麟是仁兽的代表，只有在仁德的时代才会出现，象征太平祥和。《宋书》载："麒麟者，仁兽也。牡曰麒，牝曰麟。"《瑞应图》载："（麒麟）羊头，狼蹄，圆顶，身有五彩，高一丈二尺。"从造型来看，麒麟集狮头、鹿角、虎眼、麋身、龙鳞、牛尾于一体；尾巴毛状像龙尾，有一角带肉。麒麟是古代生育民俗文化的重要载体。相传孔子将生之夕，有麒麟吐玉书于其家，上写："水精之子孙，衰周而素王。"故麒麟被视为仁宠，是吉祥的象征，能为人带来子嗣，且送来的童子定为贤良之人，博学多才，才华横溢。在院宅府邸门前的麒麟，置左者为麒（雄），常踩球，置右者为麟（雌），常踩子。此外，在传统阴阳五行观念中，麒麟属土，寓意厚重，有守财招财之意。

麒麟纹样与手持莲花、笙的童子组合，构成"麒麟送子"；与八宝、宝珠组合，构成"麟吐玉书"昭示圣人将出、添丁旺文。麒麟纹样单独构图，配以祥云等，构成"麟趾呈祥"（麟趾常用以歌颂周朝子孙后代昌盛发达，后遂用为称美后世昌盛之典,《诗经》载:"麟之趾,振振公子,于嗟麟兮。")。

《麒麟送子》

四 鹿纹样及其文化内涵

鹿，哺乳动物，种类繁多、形态各异，常见有梅花鹿、麋鹿、马鹿、驼鹿等品种，常见瑞兽之一，《花镜》载："鹿，一名斑龙，阳兽也。"鹿是长寿的象征，寿星坐骑便为鹿，民间相传"千年为苍鹿，又五百年为白鹿，又五百年化为玄鹿。"《抱朴子》载："鹿寿千岁，满五百岁则其色白"。鹿是美好爱情的象征，《礼记》载："丽皮纳聘，盖鹿皮也。"鹿也是权位帝位的象征，《汉书·蒯通传》载："且秦失其鹿，天下共逐之。"（注："张晏曰：以鹿喻帝位。"）"鹿"与"禄"谐音，象征高官厚禄；与"路"谐音，象征一帆风顺，四通八达；与"陆"同音（旧时六的大写为陆），象征六六大顺、称心如意。另外，梅花鹿因其斑纹似梅花而得名。古时考试放榜有"梅花榜"，故梅花鹿是成名高中、金榜题名的象征。

鹿纹样与仙鹤（"鹤"与"合"谐音）、梧桐（"桐"与"同"同音）组合，构成"六合同春"（亦作"鹿鹤同春"）；与马、菊花（"菊"与"居"谐音）组合，构成"禄马同居"；与蝙蝠（"蝠"与"福"同音）组合，构成"福禄双全"（亦作"福禄长久"）；与天官（"官"与"冠"同音）组合，构成

"加官进禄"(亦作"加官受禄")。两只鹿纹样组合,构成"路路顺利"。

《小鹿剪纸》

五　蝙蝠纹样及其文化内涵

蝙蝠是能飞行的哺乳动物，其身首如鼠，肢间有翼，民间俗传老鼠偷食盐后便化为蝙蝠。《抱朴子》载："千岁蝙蝠，色如白雪，集则倒悬，脑重故也。得此物而阴干末服之，令人寿万岁。"蝙蝠是长寿的象征。"蝠"与"福"同音，明清常绣绘蝙蝠于龙袍、官服之上，以示吉庆福瑞。

蝙蝠纹样与寿桃（或寿字）、卍字纹组合，构成"福寿万代"；与桂花（"桂"与"桂"同音）组合，构成"福增贵子"；与寿桃、两枚贯钱（"钱"与"泉"谐音，取义双全）组合，构成"福寿双全"；与寿桃（或寿字）、如意组合，构成"福寿如意"；与祥云组合，构成"福从天降"。红色蝙蝠（"红"与"洪"同音）、祥云组合，构成"洪福齐天"。两只蝙蝠纹样组合，构成"双福"。五只蝙蝠与寿字（或寿桃）组合，构成"五福捧寿"，五只蝙蝠单独构图，配以祥云，构成"五福来朝"。童子仰望飞翔的蝙蝠，构成"翘盼福音"。

《福寿双全》

六　鹌鹑纹样及其文化内涵

鹌鹑，鸟纲、雉科物种，亦称"鹑鸟""宛鹑""奔鹑"等。古时"鹌"和"鹑"是两种不同的鸟。《本草纲目》载："鹌与鹑，两物也，形状相似，但无斑者为鹌也。"后来逐渐将二者合称为一物。《花镜》载："鹌鹑，一名罗鹑，一名早秋，田泽小鸟也。头小尾秃，羽多苍黄色。无斑者为鹌，有斑者为鹑。……夜则群飞，昼则草伏。有常匹而无常居，随地而安，故又名鹌鹑。"鹌鹑有固定的配偶、形影相随，象征夫妻恩爱。鹌鹑有"随地而安"的习性，鹌"与"安"同音，象征平安、安定，故在明清两代的八品文官，其朝服补子便用鹌鹑纹样，《明会典》载："文官八九品，黄鹂、鹌鹑、练鹊。"

鹌鹑纹样与禾穗（"禾"与"和""穗"与"岁"同音）组合，构成"和平安定""岁岁平安"；与如意组合，构成"平安如意"；与雉鸡（"雉"与"治"同音）组合，构成"长治久安"；与枸杞（"杞"与"祈"同音）组合，构成"祈福安康"；与菊花（"菊"与"居"同音）、枫树（枫叶为落叶的代表，"落叶"谐音"乐业"）组合，构成"安居乐业"。九只鹌鹑组合，构成"九世安居"。

《鹌鹑》

七　仙鹤纹样及其文化内涵

仙鹤，传统吉祥仙禽，为"百羽之宗"，传说由天地之精气而化生，七岁小变，十六岁大变，一百六十岁变止，一千六百岁定型，故有"鹤寿无量"之说，是长寿安康的象征，《淮南子》载："鹤寿千岁，以极其游"。仙鹤形体超凡，举止优雅，是具有高尚品德、修身洁行的贤士的象征，即"鹤鸣之士"。明清时期，一品文官的补子纹样便为仙鹤，故仙鹤别称"一品鸟"。

在传统吉祥纹样中，仙鹤造型素以喙、颈、腿"三长"著称。

仙鹤纹样与松树组合，构成"松鹤长春""鹤寿松龄"；与神龟（象征长寿）组合，构成"龟鹤齐龄""龟鹤延年"；与寿星（常做驾鹤状）及其他仙道组合，构成"群仙仰寿"；与鹿（"鹿"与"陆"同音，六大写为陆）组合（"鹤"与"合"谐音），构成"鹿鹤同春"（亦作"六合同春"）；与日出组合，构成"指日高升"；与一张古琴组合，构成"一琴一鹤"，寓意官吏清廉（《宋史》载："赵抃号铁面御史。帅蜀，以一琴一鹤自随。"）。仙鹤口中衔筹而飞，与蓬岛、瑶台、祥云组合，构成"海屋添筹"（筹，古时计数的用具，多用竹子制成。《太平御览》载："有三老相过问年，其一曰：'海水变桑田，吾辄下一筹矣。'"故添筹意指长寿)。仙鹤（取一品鸟之义）独立于潮水（"潮"与"朝"同音）拍打的岩石之上，构成"一品当朝"（亦作"当朝一品"），寓意官位显赫。仙鹤纹样单独构图，翱翔于天际（常配以流云或祥云），构成"高升一品"。

《松鹤延年》（一）

《松鹤延年》（二）

八 喜鹊纹样及其文化内涵

喜鹊，体形特征为尾长远较翅长，呈楔形，腹面以胸为界，前黑后白。《毛诗多识》载："其鸣喳喳，故谓之鹊；灵能报喜，故谓之喜。"喜鹊亦称报喜鸟。《初学记》载："《易统卦》曰：鹊者阳鸟，先物而动，先事而应。"旧时认为喜鹊能感应预兆，本领神异。《风俗通》载："织女七夕当渡河，使鹊为桥。"鹊桥是爱情姻缘的象征。

喜鹊纹样与梅花（"梅"与"眉"同音）组合，构成"喜上眉梢"（亦作"喜鹊登梅""喜报春光""喜到枝头""喜报梅开"）；与贯钱（"钱"与"前"同音）组合，构成"喜在眼前"；与三颗桂圆（"圆"与"元"同音，三元即解元、会元、状元）组合，构成"喜报三元"，寓意连中三元；与太阳（取义"日"）组合，构成"日日见喜"；与獾（"獾"与"欢"同音）组合（喜鹊于天飞，獾于地奔走），构成"欢天喜地"；与双喜（或喜字）组合，构成"喜上加喜"；与梅花（"梅"与"眉"同音）、竹子（"竹"与"祝"同音）组合，构成"齐眉祝寿"。喜鹊于莲蓬啄食莲子（一颗莲子的"颗"与"科"同音，"莲颗"与"连科"同音；又莲蓬别名莲房、莲窠，"窠"与"科"同音），构成"喜得连科"。两只喜鹊纹样组合,构成"双喜临门"或"喜相逢"。四只喜鹊纹样组合,构成"四喜图"。

《喜上眉梢》

九　螃蟹纹样及其文化内涵

螃蟹,甲壳类动物,腿脚周身均有硬质甲壳,以防御自身。旧时,"甲"为状元及第的象征。科举制度始于隋、立于唐,分乡试、会试、殿试三级。唐时进士不分甲,宋代始分三甲(殿试),统称进士。殿试第一等为"一甲",赐"进士及第";第二等为"二甲",赐"进士出身";第三等为"三甲",赐"同进士出身"。起始,三甲各取数人,元代以降,一甲仅取三人(状元、榜眼、探花)。一甲三名后再取二甲、三甲数人,二甲之首谓之"传胪",《明史》载:"会试第一为会元,二甲第一为传胪。"

一只螃蟹单独构图,构成"一甲一名"寓意状元及第。两只螃蟹组合,配以芦苇("芦"与"胪"同音),构成"二甲传胪"寓意尊荣显赫。

《一甲一名》

十 羊纹样及其文化内涵

羊,"六畜"(牛、马、羊、豕、鸡、犬)之一,性情温顺。羊是善和美的象征,汉字"美"的结构为上"羊"下"大",即羊大为美,《说文》载:"美与善同意""羊,善也。"羊是知礼、谦敬的象征,《春秋繁露》载:"凡挚,乡用羔,羔饮之其母必跪,类知礼者。羊之为吉祥,故以为挚。"古代宴飨祭祀所用的"三牲"(牛、羊、猪)即取其善、敬之义。古时"羊"与"祥"通假,古器物铭文中"吉祥"多作"吉羊"《说文》载:"羊,祥也。"羊是正义、吉祥的象征,可趋吉避祸,民间常悬羊头于门上,避灾驱邪,《论衡》载:"獬豸者,一角之羊也。性知有罪。皋陶治狱,其罪疑,乃令羊触之。"此外,古时"羊"亦通"阳"("羊"与"阳"亦同音)。

羊("羊"与"洋"同音)纹样与喜鹊组合,构成"喜洋洋"。一只羊单独构图,构成"大吉祥"。三只羊组合,构成"三阳开泰"(亦作"三阳启泰"),为岁首祝辞,寓意冬去春来、阴消阳长(《易》卦十一为"泰",乾下坤上,小往大来,吉亨)。九只羊组合,配以松树等,构成"九阳启泰"。

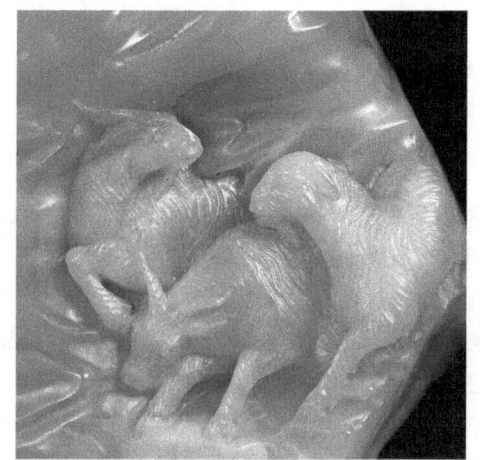

寿山杜陵石三羊开泰摆件

十一 大象纹样及其文化内涵

大象,哺乳纲,长鼻目,象科,体形庞大、气力超群,性情温和、安详端庄,能负重远行。大象善用鼻吸,民间认为水主财,故象征吸财、招财。《春秋运斗枢》载:"遥光之星散为象。"大象是普贤菩萨的坐骑,被视为兽中之德者,为灵瑞之征,《宋书·瑞符志》载:"象者,山之精也。王者,德泽流洽,四境则出。""象"与"祥"谐音,故大象亦象征大祥,俗语言"国有象,则天下太平;家有象,则吉祥平安"。此外,民间常置石象于宅邸门口,寓意"出入吉祥"。

大象纹样与宝瓶("瓶"与"平"同音)组合,构成"太平有象",寓意天下太平、五谷丰登。手执如意的童子骑象("骑"与"吉"谐音),构成"吉祥如意"。大象纹样单独构图,构成"大吉祥"。

《象》

十二　狮子纹样及其文化内涵

狮子，食肉目、猫科、豹属大型猛兽，是世界上现存平均体重最大，也是唯一一种雌雄两态的猫科动物。中国古代将狮子称为狻猊，为龙生九子之一（排行第五），《尔雅·释兽》载："狻猊如彪猫，食虎豹。"狻猊平生喜静、好坐，不喜动，是一种辟邪神兽，常被饰于宫殿屋顶的脊梁、宅邸门柱柱墩前端等用以镇宅。狻猊喜欢烟火，因此也被用于装饰香炉的足脚底部。

狮子被称为兽中之王，与虎同尊，《兽经》载："狮为百兽之王，每一振发，虎豹慑服。"古代宫殿衙署门外两旁常立铜（或石）质雌雄二狮，借以象征权势、富贵。狮子在佛教中具有神圣、吉祥的含义。佛教经籍常喻佛为狮，《大智渡论》载："佛为人中狮。"宋代将重阳法会称为"狮子会"。被尊称"妙德""妙吉祥"的文殊菩萨，其坐骑便为狮子。

大小不一的两头狮子纹样组合，构成"太师少师"，寓意官位煊赫。周代官制设有"三公"（太师、太傅、太保）、"三孤"（少师、少傅、少保）来辅弼天子，权高位尊。古代"大"通假"太"，"狮"通假"师"，"大狮"象征"太师"，列三公之首，"小狮"象征"少师"，列三孤之首。

雌、雄狮子（"狮"与"事"谐音）与绣球纹样组合，构成"二头滚狮球"（亦作"狮子滚绣球"）。民间传说雌、雄狮子相戏时绒毛交缠成球，小狮子便从绒球（后演化为绣球）中生出，寓意"喜事将临"（民间婚俗中常将怀孕称为有喜）、子孙昌盛。中国自古有"好双忌单"的习俗，"双数"象征着吉祥圆满，预示着好运降临。雌、雄狮嬉戏被视为嘉庆之征，俗语常道："狮子滚绣球、好事在后头。"

此外，狮子与绶带纹样（象征连绵不断）组合，寓意子嗣连绵、官运不断。

十三　虎纹样及其文化内涵

虎,哺乳纲大型猫科动物,生性威猛勇武,民间视为神兽,借以镇祟辟邪、保佑安宁,是官邸家宅的常用镇物。《风俗通》载:"虎者阳物,百兽之长也。噬食鬼魅,亦辟恶。"虎是权位的象征,旧时以"虎符"作为调兵遣将的信物。此外,虎还有宜生子、佑贵子的功用。《太平御览》引《龙鱼河图》载:"悬文虎鼻门上,宜官子孙,带印绶。悬虎鼻门中,周一年,取烧作屑,与妇饮之,二月中便有儿,生贵子。"

此外,白虎(亦称"玉虎")为"四灵"之一,是祥瑞长寿的象征。《抱朴子》载:"虎及鹿皆寿千岁,满五百岁者,其色皆白。"

虎纹样与青龙、朱雀、玄武组合,构成"四灵图",为祥瑞嘉庆之兆。

《虎》

十四 蝴蝶纹样及其文化内涵

蝴蝶，昆虫纲，类脉总目，鳞翅目类昆虫的统称。蝴蝶体态轻盈、品类繁多，左右两翅相合相开，是美好爱情的象征，"梁祝化蝶"便以蝴蝶歌颂爱情的至真至美。蝴蝶幼时为蛹，破茧成蝶，是自由美丽的象征。"蝴"与"福"谐音，"蝶"与"迭""叠"同音，是"福禄吉祥"的象征。《礼记》载："七十曰耄，八十曰耋，百年曰期颐。""蝶"与"耋"同音，是"健康长寿"的象征。

蝴蝶纹样与猫（"猫"与"耄"谐音）组合，构成"耄耋图"（亦作"猫蝶图"或"猫扑蝴蝶"），寓意耄耋长寿；与各式花卉组合，构成"蝶恋花"，寓意花蝶恩爱相恋。两只蝴蝶组合，构成"梁祝化蝶"，寓意幻化成蝶、比翼齐飞。

《云南大理白族特色蝴蝶图样》

十五　鸳鸯纹样及其文化内涵

鸳鸯，属雁形目的中型鸭类。鸳鸯整体呈灰褐色，脚为橙黄色，雄性嘴为红、雌性嘴为黑，雄性头部有色泽艳丽的冠羽。明代李时珍《本草纲目》载："终日并游，有宛在水中央之意也。或曰：雄鸣曰鸳，雌鸣曰鸯。"在中国传统文化中，鸳鸯是夫妻恩爱好合、忠贞不渝的象征。晋代张华《禽经》载："鸳鸯，匹鸟也。朝倚而暮偶，爱其类也。"晋代崔豹《古今注》载："鸳鸯、水鸟、凫类，雌雄未尝相离，人得其一，则一者相思死，故谓之匹鸟。"因有这些习性，鸳鸯成为婚俗文化中不可或缺的吉祥物。此外，中国古代曾经亦将鸳鸯比作兄弟，南朝梁萧《文选·苏武李陵赠答诗》载"昔为鸳和鸯，今为参与商"，"骨肉缘枝叶"等，便是李陵、苏武表达友情而赠别的诗。

鸳鸯纹样与莲花（"莲"与"连"同音，莲花开花与结子同时进行）组合，构成"鸳鸯贵子"，寓意夫妇和睦、子孙繁荣；与月季花（即长春花）花组合，构成"鸳鸯长安"或"鸳鸯长乐"。

《鸳鸯戏水》

十六　猫纹样及其文化内涵

猫，体形娇小可爱，是常见的宠物之一。猫的生命力旺盛，繁殖力极强，佛经载："猫有灵，其命有九，人得其一。"认为猫有九条命，象征长寿。"猫"与"耄"谐音，寓意健康长寿。《礼记》载："七十曰耄，八十曰耋，百年曰期颐。"此外，民间相传"猫有五福""猫入福地"，猫入宅被看作"五福临门"，故猫亦为吉祥、福缘的象征。

猫纹样与蝴蝶（"蝶"与"耋"同音）组合，构成"耄耋之年"；与蝴蝶、菊花（"菊"与"居"谐音）、山石（寓意长寿）组合，构成"寿居耄耋"；与蝴蝶、牡丹组合，构成"耄耋富贵"（亦作"长寿富贵"）。

《猫捉老鼠》

十七 猴纹样及其文化内涵

猴,灵长目动物,善攀好动、敏捷灵巧,是机智聪明的象征。"猴"与"侯"同音,是官位、俸禄的象征,《礼记·王制》载:"王者之制禄爵,公、侯、伯、子、男。"侯在五等爵中位列第二。

猴纹样与印绶、枫树("枫"与"封"同音)组合,构成"封侯挂印",指获封侯爵之后又得授提封(指封地),寓意名权双获、飞黄腾达;与奔马组合(猴骑于马上),构成"马上封侯"。大猴驮着小猴,构成"辈辈封侯",意指猴背("背"与"辈"同音)上还有猴,寓意世代为官。

《猴子偷桃》

十八　马纹样及其文化内涵

马,人类较早驯养的动物之一。马既是传统交通的主要畜力,同时也是冷兵器时代战争中不可或缺的利器。马象征自强不息、奋发向上,相传上古洛阳孟津之地的黄河浮现龙马,背负"河图"献于伏羲,为两仪八卦之渊薮,龙马精神成为中华民族精神的重要体现。马是卓越非凡、贤能聪慧的象征,古人常以"千里马"比拟贤才。

马纹样与猴("猴"与"侯"同音)组合,构成"马上封侯",寓意封爵在即("马上封侯",另有以武力受封之意,语出《史记·郦生陆贾列传》)。八匹骏马组合,构成"八骏马"寓意前程似锦、马到成功(相传周穆王有良马八匹,乘之周游天下而得名"八骏")。骑马飞驰的图案名为"马上平安",寓意旅途平安(岑参《逢入京使》:"马上相逢无纸笔,凭君传语报平安。")。

《小马》

十九 猪纹样及其文化内涵

猪,古代"六畜"之首,是传统农耕社会重要的家畜,汉字"家"便由房屋和猪演化而来。猪体形丰腴,珠圆玉润,浑身是宝,对人类有诸多用途,是财富的象征,在古代被称为乌金。北方许多地区流行春节贴"肥猪拱门"的年画,取义福禄安康,《渊鉴类函》载:"猪入门,百福臻。"此外,"猪"与"朱""蹄"与"提"同音,故猪亦为雁塔题名(或作"朱笔题名")的象征(唐代中期后风俗,凡新科进士及第后,亲临大雁塔,并用朱笔题名,象征从此步步高升)。

猪纹样与元宝(或贯钱)组合,构成"招财进宝",寓意财源广进、福寿安康;与院宅门邸组合,构成"肥猪拱门",寓意肥猪拱门、家富大吉。

《猪纹样漆盒》

二十　雄鸡纹样及其文化内涵

鸡是一种灵禽，古代亦称"德禽"，商周时为"六畜"之一，《韩诗外传》中说鸡有文、武、勇、仁、信五德。传说鸡为日中乌，鸡鸣日出，驱逐妖魔，为吉祥之喻、光明之象，《太平御览》载："鸡为积阳，南方之象，火阳精物炎上，故阳出鸡鸣，以类感也。"鸡鸣日出，从不失时，故鸡亦为勤劳守信的象征。此外，鸡是凤凰形象的来源之一，《太平御览》载："黄帝之时，以凤为鸡。"

雄鸡打鸣（"雄鸡"亦作"公鸡"，"公"与"功""鸣"与"名"同音）取意"功名"。

雄鸡纹样与牡丹组合，构成"功名富贵"；与鲤鱼（"鲤"与"利"谐音）组合，构成"大吉大利"（"鸡"与"吉"谐音）；与鸡冠花组合，构成"官上加官"（雄鸡头部有冠，"冠"与"官"同音），寓意连续升官。雄鸡（"鸡"与"吉"谐音）立于山石（"石"与"室"谐音）之上，构成"室上大吉"，寓意阖府安康、吉祥如意；与五只雏鸡组合，构成"教五子"，寓意五子登科。雄鸡打鸣单独构图，构成"声声大吉"。三只雄鸡（取义"三公"）与四只柿子（"柿"与"世"同音）组合，构成"四世三公"，寓意东汉杨氏从仕，四世清廉、海内所瞻。

《报晓》

二十一　蟾蜍纹样及其文化内涵

蟾蜍，俗称癞蛤蟆。古代神话认为月中有蟾蜍，故以蟾代月，《淮南子·精神训》载："日中有踆乌，月中有蟾蜍。"蟾蜍也是健康长寿的象征，《太平御览》载："《抱朴子》云：'蟾蜍寿三千岁。'"旧时认为蟾蜍具有药用价值，以端午时节采捕的蟾蜍为尚，后逐渐演化为端午祛"五毒"（蟾蜍、蜈蚣、蛇、蝎、蜥蜴）的习俗。

此外，传说有三足蟾蜍谓之金蟾，口吐金钱，是财富的象征。相传金蟾本为妖，被刘海仙人收服后，改邪归正、吐钱济贫，所谓"吐宝发财，财源广进"，俗语："得金蟾者必大富。"

蟾蜍与桂花（折桂，寓意科举应试及第）组合，构成"蟾宫折桂"寓意科举及第、金榜题名。金蟾与贯钱、刘海（名操，字昭远。五代燕山人，道教全真道北五祖之一）组合，构成"刘海洒钱"（亦作"刘海戏金蟾"），寓意财运昌盛。

二十二 鱼纹样及其文化内涵

鱼，水生动物，常见的传统瑞物之一，许多民族都流传着与鱼相关的神话传说。上古之时，鱼便被视为吉祥之物，《太平御览》载："伯鱼之生，适有馈孔子鱼者，嘉以为瑞，故名鲤，字伯鱼。"民间流传"鲤鱼跃龙门""鱼化龙"，寓意科举、升官，《埤雅·释鱼》载："俗说鱼跃龙门，过而为龙，唯鲤或然。"此外，鱼腹多籽，象征多子。"鱼"与"余"同音，与"玉"谐音，是财富的象征。

中国传统吉祥图案中的鱼有三种类别：金鱼、鲇鱼、鲤鱼。金鱼，也称"金鲫鱼"，由野生红黄色鲫鱼演化而来，是世界著名三大观赏鱼类之一，发源于中国，至今已有1700多年历史，早在晋朝就有"赤鳞鱼"（即金鱼）的文字记载。鲇鱼和鲤鱼的造型常以嘴边触须为别，有须者为鲇鱼，无须者为鲤鱼。

数尾金鱼纹样在水塘（"塘"与"堂"同音）中，构成"金玉满堂"。

鲇鱼（"鲇"与"年"谐音）纹样与大橘（"橘"与"吉"谐音）组合，构成"年年大吉"；与莲花（"莲"与"连"同音）组合，构成"连年有余"。两条鲇鱼（取意"年年"）纹样组合，构成"年年有余"。

鲤鱼（"鲤"与"利"谐音）纹样橘子（"橘"与"吉"谐音）组合，构成"大吉大利"；与牡丹组合（"鱼"与"余"同音），构成"富贵有余"；与龙、龙门组合，构成"鲤鱼跃龙门"（亦作"鱼化龙"）。旧时流行老翁手提鲤鱼走访相赠的图案，寓意"家家得利"。

二十三 蝈蝈纹样及其文化内涵

蝈蝈,昆虫纲,直翅目,螽斯科鸣虫的通称。其外形和蝗虫相像,身体呈草绿色,触角细长。商周时期,人们将蝈蝈称为"螽斯",因其繁殖能力极强,故为"多子多福"的象征,《诗经·螽斯》载:"螽斯羽,诜诜兮。宜尔子孙,振振兮。"随着宋代市井经济的繁荣,蝈蝈被视为宠物饲养把玩,这种风俗经明代的继承发展,在清代达到顶峰,平民布衣和王公显贵无一例外。乾隆游西山时,听到满山蝈鸣,满心欢喜,便以蝈蝈作诗。"蝈"与"官"谐音,是权贵位阶的象征。

蝈蝈纹样与菊花("菊"与"居"谐音,被誉为花中一品)组合,构成"官居一品";与鸡冠花("冠"与"官"同音)组合,构成"官上加官"。蝈蝈纹样单独构图,配以编笼(常为葫芦),构成"喜叫哥哥",寓意生男佳兆(蝈蝈叫声"括括"与"哥哥"谐音)。

《蝈蝈》

二十四 蜘蛛纹样及其文化内涵

蜘蛛,又称为喜蛛、喜子、喜母。相传蜘蛛兆喜,《西京杂记》载:"乾鹊噪行人至,蜘蛛集百事喜。"唐时,将蜘蛛停于壁上,称为壁钱。宫中妃嫔将其视作当夜能被皇帝宠信的征兆,见之则喜,随称喜子。此外,传说蜘蛛倒挂在衣上,是远方亲朋将临的征兆,故称喜母。

倒挂于门檐的蜘蛛纹样与喜鹊组合,构成"喜气盈门";与枇杷、蒜、樱桃、菖蒲等佳果吉蔬组合,构成"天中集瑞"(亦作"天中瑞结黄金果")。倒挂于门檐的蜘蛛单独构图,构成"开门见喜"。倒挂于蜘蛛网的蜘蛛单独构图,构成"喜从天降"。

二十五　绶鸟纹样及其文化内涵

绶鸟，又名绶带鸟、吐绶鸟、长尾巴练，俗称火鸡，因嘴根有肉绶，能伸缩，时时变色，且有形似绶带的长尾，故名。《荆州记》载："鱼复县有鸟，时吐物长数寸，丹朱彪炳，形色类绶，因名吐绶鸟。"旧时，绶带指用以系袍服、官印的绦带，其色彩和长度依官位品级分类分等，是区分官阶的重要标志，是荣耀富贵、高官厚禄的象征，《礼记·玉藻》载："天子佩白玉而玄组绶。"此外"绶"与"寿"同音，象征长寿，"带"与"代"同音，象征连绵不断。

在传统纹样中，绶鸟的造型常以修长飘逸的羽尾及头顶象征长寿的翎毛为主要特征。

绶鸟与梅花（"梅"与"眉"同音）、竹子（"竹"与"祝"谐音）组合，构成"齐眉祝寿"；与水仙、天竹组合，构成"天仙拱寿"。两只绶带鸟纹样（"带带"与"代代"同音）与山石（取义长寿）、水仙组合，构成"代代寿仙"。

二十六　神龟纹样及其文化内涵

神龟，传统瑞兽灵物，其腹背皆有坚甲，相传"河图洛书"的"洛书"即为龟甲纹理。神龟耐饥渴，能负重，相传神龟背伏西王母之瑞符，从水中而出，交由黄帝，黄帝得以战胜蚩尤。旧时占卜用龟甲，以问吉凶，《法苑·五行传》载："龟之久也，千岁而灵可，此禽兽而知吉凶。"龟寿千岁，是长寿的象征，《柳氏龟经》载："龟一千二百岁。"神龟甲壳坚硬，爬行缓慢稳定，似江山永固、天下太平，是权位的象征，与鼎类似。《宋书·符瑞志》载："灵龟者，神龟也。王者德泽湛清，渔猎山川从时则出。五色鲜明，三百岁游于蕖叶之上，三千岁常游于卷耳之上。知存亡，明于吉凶。禹卑宫室，灵龟见。"此外，古代四灵之一的玄武即由龟与蛇组合而成。

神龟纹样与仙鹤组合，构成"龟鹤齐龄"（亦作"龟鹤延龄""龟龄鹤算"）。

二十七　花豹纹样及其文化内涵

　　花豹，哺乳纲、猫科、豹属大型肉食性动物。体形似虎、稍小，毛被黄色，身上布有大小不一的黑色斑环，形似贯钱，故别名金钱豹，《说文》载："豹，似虎，环纹。"花豹是君子节高、归隐的品行象征，《列女传》载："妾闻南山有玄豹，雾雨七日而不下食者，何也？欲以泽其毛而成文章也，故藏而远害。犬彘不择食以肥其身，生而须死尔。"这种护其身、保其文的行为被称为"豹隐"，似君子风范，俗语道"君子豹变"，喻迁善改恶、事业润色，《易》载："君子豹变，其文蔚也。"花豹是荣誉、爵禄的象征，清代三品武官朝服的补子纹样便为豹纹。此外，"豹尾"是一种在赤黄色布帛绘绣豹纹的旌幡，宋时为任命节度使的标配（两尾），清时，悬于皇帝仪仗队末尾的车辇之上。

　　花豹纹样（"豹"与"报"同音）与喜鹊组合，构成"报喜图"；与竹子组合，构成"竹报平安"。

二十八　其他动物纹样及文化内涵

虾：虽身腰有甲，但能自由弯曲，跳跃力强，不恃势、知攻守，寓意能屈能伸、能弯能顺，象征时来运转、和气顺意。两只对虾纹样组合，构成"弯弯顺"。

鸭：《说文》载："鸭，鹜也，俗谓之鸭。从鸟、甲声。"民间以鸭寓意甲，配以芦苇（"芦"与"胪"同音），构成"一甲一名"。

蜜蜂："蜂"与"封"谐音，象征封侯。蜜蜂与猴（"猴"与"侯"同音）、绶印组合，构成"封侯挂印"。

牛：十二生肖之一，传统农耕社会的主要畜力，是财富的象征。旧时立春日有鞭春牛的习俗，句芒神（职位掌草木生长）鞭打耕牛，寓意一年四季，风调雨顺、五谷丰登。身高四尺（象征"四时"）、身长八丈（象征"八节"）、尾长一尺二寸（象征一年十二月）的牛纹样单独构图，配以燕、柳等，构成"春牛图"，意同鞭春牛。

鹭鸶：大、中型涉禽。色泽多为白，别称"玉鸟"，造型似鹤，具有"三长"的特点（喙长、颈长、腿长）。鹭鸶纹样与凉亭组合，构成"亭亭玉立"。

九、人物篇

一 刘海纹样及其文化内涵

刘海,即刘海蟾,名操,字昭远,五代燕山人,道教全真道北五祖之一。明朝《列仙全传》中,刘海被列为八仙之一,但在后来的《八仙出处东游记传》中,张果老代替刘海入列八仙。但刘海在民间仍被列为"下八仙"之一。《通俗编》载:"一旦,有道人谒,索鸡子十枚、金钱十枚,置几上,累卵于伐,如浮图。海蟾惊叹曰:'危哉。'道人曰:'人居荣乐之场,其危有甚于此者。'尽掷之而去。海蟾由是大悟,易服从道人历游山川。"刘海撒钱由此而来。"撒"与"洒"同音,故后人名之"刘海洒钱",寓意财运昌旺。

刘海纹样与贯钱、三足金蟾组合,构成"刘海戏金蟾"(亦作"刘海洒钱"),俗语:"刘海戏金蟾,步步钓金钱。"

《刘海戏金蝉》

二 麻姑纹样及其文化内涵

麻姑是中国道教神话中的一位女神,在中国民间的影响极为广泛。相传麻姑是亲见"东海三为桑田"的长生不老的仙人,《神仙传》载:"……麻姑再拜,不见忽已五百余年。……麻姑自言:'接侍以来,已见东海三为桑田,向到蓬莱水浅,浅于往者会时略半也。岂将复还为陵陆乎!'"此外,《神仙传》还记载了麻姑向西王母献寿的故事:"麻姑,建昌人,修道于牟州东南余姑山。三月三日西王母寿辰,麻姑在绛珠河畔以灵芝酿酒,为王母祝寿。"麻姑自高寿,且献寿于西王母,故历代以之象征长寿,且多见于为女子祝寿。

在中国传统吉祥图案中,麻姑形象多为一端丽仙女模样,或腾云,伴以飞鹤;或骑鹿,伴以青松;也有直身托盘做贡献状,手中或盘中,一般为仙桃美酒、佛手等。

《麻姑献寿》

三 寿星纹样及其文化内涵

寿星,原指二十八星宿中的角、元二星,或指南极老人星,后逐渐从星辰演化为神祇,《尔雅·释天》载:"寿星,角元也。"《史记》载:"狼比地有大星,曰南极老人。"周代,始有祭祀寿星以祈求国运昌盛的习俗并为后代所沿袭,东汉将之列入国家祀典,明代正式废除。《通典》载:"周制,秋分日享寿星于南郊。"《史记》载:"老人见,治安;不见,兵起。"由于寿星职掌国运兴衰(国之寿),后人逐渐将之奉为人间寿夭之神,是长寿安康的象征。

在中国传统吉祥图案中,寿星的造像通常为天庭饱满、大耳垂肩、笑脸喜庆的白须老翁,手中托桃,持挂有葫芦的长杖,身后衬以鹿、鹤、松等。

寿星纹样与蝙蝠("蝠"与"福"同音)、仙鹿("鹿"与"禄"同音)组合,构成"三星高照";与福神、禄神(财神)组合,亦构成"三星高照";与日出、仙鹤等组合,构成"福星高照";与仙鹤、八仙等组合,构成"群仙拱寿"。

《寿星公》

四　福神纹样及其文化内涵

福神最早来自天地崇拜的福星（岁星）。俗语"岁星所照，能将福于民"中的"岁星"常指"五星"（水星、木星、金星、火星、土星）中的木星。古人视木星为吉祥星，其运行所经之处，皆风调雨顺、五谷丰登，而后福星逐渐被人格化为福神。《三教源流搜神大全》载："福神者，本道州刺史杨公，讳成字。昔汉武帝爱道州矮民，以为宫奴玩戏。其道州民生男，选拣侏儒好者，每岁不下贡数百人，使公孙父母与子生别。省刺史杨公守郡，以表奏闻天子云：'臣按《五典》，本土只有矮民，无矮奴也。'武帝感悟省之，自后更不复取。其郡人立祠绘像供养，以为本州福神也。后天下士庶黎民皆绘象敬之，以为福禄神也。"

传统吉祥图案中福神造像有两种：一为天官，一为真武大帝。天官因执掌赐福，故民间敬之为福神。真武大帝为道教镇守北方天界之神，北极四圣（即天蓬、天猷、翊圣〔黑煞〕、佑圣〔真武〕）之一，尊称玄天上帝、玄武大帝、治世福神等，为武当山供奉主神，其造像被发跣足，脚踏蛇龟，外袍内铠，威武庄严。

福神纹样与寿星、财神组合，构成"三星高照"；与寿星

(或仙桃)组合,构成"福寿双全";与鹿("鹿"与"禄"同音)组合,构成"福禄双全"。福神头戴官帽、身着官袍,手持如意,构成"福星高照"。

《天官赐福》

五　和合二圣纹样及其文化内涵

和合二圣，亦称和合二仙，民间欢喜婚姻之神。其传说源自唐代僧人万回，言其可预卜休咎、排解祸难。《太平广记》载："万回师，阌乡人也，俗姓张氏。初母祈于观音像，因妊回。回生而愚，八九岁方言语，父母亦以豚犬畜之。……回兄戍役于安西。音问隔绝，父母谓其亡矣，日夕涕泣，忧思不止。回顾父母感念之甚，忽跪而言曰：'涕泣岂非忧兄耶？'父母且信且疑，曰：'然。'回曰：'详思我兄所要者，衣裘、糗粮、巾履之属，请悉备焉，某将往视之。'忽一日，朝赍所备而往，夕还其家，告父母曰：'平兄善矣。'发书视之，乃兄迹也。一家异之。弘农抵安西，盖万余里，以其万里而回，故号曰万回也。"宋时，万回仍为人所祭奉，俗称万回哥哥。《周礼·地官》载："使媒求妇，和合二姓"，"和合"二字逐渐为婚俗所热衷。至清时，以为和合仅为万回一人不妥，应为两人，故于雍正十一年，封唐天台僧寒山为"和圣"、拾得为"合圣"，始有和合二圣。此外，清代姚福均《铸鼎余闻》将"和合二圣"称之为"欢天喜地"。

传统吉祥图案中，和合二圣造像为蓬头、笑面、赤脚的孩童模样，一人执荷花，一人持宝盒。

和合二圣与如意组合,构成"和合如意"。和合二圣单独构图,寓意夫妻恩爱好合("荷""盒"与"合""和"同音)、和气生财(宝盒喻财)。此外,民间亦将笑面人物绘作圆形,称为"一团和气"。

《和合二仙》

六 童子纹样及其文化内涵

童子是传统吉祥图案中最为常见的人物纹样，是农耕文化中祈求子嗣繁衍、渴望子孙昌盛的集中体现。

童子纹样抬头望蝙蝠，构成"翘盼福音"；童子抬头指日出，构成"指日可升"；童子放风筝，构成"青云得路"，寓意青云之士得其道路、意气冲天，或"春风得意"，寓意气运亨通、扶摇直上。两名童子纹样（一为翘首盼望，一为俯身捉蝠）与数只蝙蝠（通常为五只）组合，构成"纳福迎祥"；与推车、金银财宝组合，构成"推车进宝"（亦作"招财进宝""日进斗金"）。两名童子纹样（头、身、手、脚采用连体造型）构成"四喜娃娃"（亦作"四喜连成"或"四喜人"）；两名童子纹样笑脸相迎，构成"喜相逢"。五名童子争夺盔帽（"盔"与"魁"同音），构成"五子夺魁"。百名童子纹样嬉戏打闹，构成"百子图"。父子二人手中执笏、身着官服，构成"带子上朝"，寓意世代为官、位高权重。童子手捧爵杯进献于戴冠的天官，构成"加官晋爵"（"冠"与"官"同音，天官戴冠，意指"官上加官"。爵为酒器，同时也象征爵位），寓意累进爵位。

七　天官纹样及其文化内涵

天官在传统吉祥图案中有两种含义。《周官》依据天地四时设立六官，其中天官位列百官之长，统领百官。道教有天、地、水"三官"，其中天官为紫薇帝君，执掌赐福，上元日（正月十五）为其诞辰；地官为青灵帝君，执掌赦罪，中元日（七月十五）为其诞辰；水官为旸谷帝君，执掌解厄，下元日（十月十五）为其诞辰。统管百官在传统吉祥图案中，天官造型多为戴冠、束带（"冠"与"官"同音，天官戴官取义官上加官）。

传统吉祥图案中天官造像通常身着官袍、头戴官帽，手执如意或持"天官赐福"锦帛手卷，并配以蝙蝠、仙鹤、鹿等。

天官纹样与蝙蝠（"蝠"与"福"同音）组合，构成"天官赐福"；与鹿（鹿为仙兽，"兽"与"受"、"鹿"与"禄"皆同音）组合，构成"加官受禄"（亦作"加官进禄"），寓意名利俱增。天官手指日出（指日即确定日期）构成"指日可升"，寓意升迁在望。

八 财神纹样及其文化内涵

财神,道教职掌世间财富的神祇,是迎合祈福求财心理而产生的一位送财之神,俗称"财神爷",俗语:"财神进门来,四季广招财。"在中国传统神仙体系中,财神的信仰和祭祀有很多不同的版本。通常将财神分文、武两类财神,其中,文财神有比干、范蠡等,武财神有赵公明、关公等。此外,五圣、柴荣、财公财母、和合二仙、利市仙官、文昌帝君、活财神沈万三等也被信奉为财神。《集说诠真》载:"俗祀之财神,或称北郊祀之回人,或称汉人赵朗,或称元人何五路,或称陈人顾希冯五子,聚讼纷如,各从所好,或浑称曰财神,不究伊谁。"

财神的造型依身份的不同而形态各异,传统吉祥图案中除"关公耍大刀""元宝银鞭赵公明"等个别具有明显造型特征者之外,其他凡配以金银财宝的仙人都可视之为财神。

财神纹样与童子、元宝等组合,构成"招财进宝"(亦作"招财送宝");与福神、寿星组合,构成"三星高照"。财神纹样单独构图,手持元宝和如意(持如意者常为文财神),构成"财源兴盛"(亦作"恭喜发财")。

九　其他人物纹样及其文化内涵

魁星："魁星点斗"寓意科举高中、荣华在即。

天女：即仙女的统称。天女手持彩练、当空飞舞洒花，构成"天女散花"。天女抱子，从天而降，赠予帝王，构成"天仙送子"。

东方朔：相传东方朔原为一介小仙，曾三次偷食蟠桃，终遭贬于凡间，为汉武帝的臣子。三次偷食蟠桃的东方朔以长命一万八千岁被奉为寿星。通常，吉祥图案中除寿星外，其他手捧仙桃的仙人均被视为东方朔。东方朔手持仙桃，构成"东方朔献寿"。

十、器物篇

一 如意纹样及其文化内涵

"如意",即顺遂心意、万事如意。关于其来源,通常有两种说法。其一,为佛具之一,诸多佛像均手持如意。最早随佛教由天竺传入,僧人讲经时,为避免遗忘,故将要点写于其上,以便随时阅记,甚如心意,故得名。其二,为古人制作的一种手持器物,既指可用作后背止痒的蚤杖,也指用于文官上奏时用于书写启事要文备忘的笏板,两者均有顺如心意,故得名。后随道教兴盛影响,如意造型多呈两两相对或相反的卷曲状,似灵芝、祥云,遂成颂祝之物。

如意纹样与宝瓶("瓶"与"平"同音)组合,构成"平安如意";与柿蒂("柿"与"事"同音)组合,构成"事事如意"。九个如意纹样与蝙蝠(或佛手柑)、仙桃、石榴组合,构成"三多九如"。九个如意环绕相连,配以日月、山川、松石,构成"天保九如",寓意万寿无疆。

二 银锭纹样及其文化内涵

银锭是熔铸成锭的白银。出土银锭中年代最早的,是汉景帝中元二年(公元前148年)所铸。汉武帝元狩四年(公元前119年)作白金(白银)三品。王莽铸有银货二品。其后历代皆有铸造,只是流通不广。隋唐以前称银锭为"银饼""银铤",称扁平形银币为"钣""笏""版",称棒形的为"铤""挺",宋以后改称"银锭"。元代于银锭之外总称"元宝",形式变为马蹄形,故亦称"马蹄银"。明清两代均沿用"元宝"一词。

中国银锭的种类繁多,器形各异,汉代银锭的器形为饼状,唐代一般是长方形条状,同时有饼状和船形,宋代银锭的器形以铤为主,与唐银相比,形态变宽、变厚,正面四角微翘,呈砝码形,两头两个圆弧成束腰形,辽、西夏、金的银锭器形与宋差不多;元代银锭的器形与宋出入不大,无铭文锭的区分是周缘翘起,中间内凹,多数元锭没有铭文;明代银锭的器形长度较元代变短,而厚度却增加,束腰已较小,两端的弧形消失,周缘增高,特别是两端更加突出,形成一个双翅;清代到民国二十二年,银锭退出货币领域。银锭器形之杂,难以统计,但大体可分为元宝形、圆形、长方形、正方形、砝码形、牌坊形等几大类。

必定如意,中国传统吉祥纹样,清代常见的吉祥图案,通常会画上一支笔,一柄如意,一锭元宝。锭同音定,以其谐音暗喻"必定如意"。

锭(意指有一定形状和规定重量的银币)也是宝物之一,颇为吉祥,有各种变体,用于各种图案。

银锭纹样与斗笔("笔"与"必"谐音)、如意组合,构成"必定如意";与玉兰花(取义"玉")、海棠花("棠"与"堂"同音),构成"金玉满堂"。

三 元宝纹样及其文化内涵

元宝,明清时期主要流通的货币,其造型呈马槽状,是财富的象征,俗语:"元宝翻一翻,黄金堆如山;元宝浪一浪,黄金满谷仓;元宝扭一扭,养猪大如牛;元宝扬一扬,养猪大如象。"因名有"元",故三个元宝象征科举"三元"。

元宝纹样与牡丹、莲花、菊花、梅花组合,构成"四季进宝";与财神、童子组合,构成"招财进宝";与推车、珠宝等组合,构成"日进斗金"。三个元宝纹样单独构图,构成"三元及第",寓意科举高中。

四　斗笔纹样及其文化内涵

一种大型毛笔,笔头安装在一个斗形部件里,上安笔杆儿,主要用于书法家写大字,也用于画国画,如画荷叶等。"笔"与"必"谐音。

斗笔纹样与银锭("锭"与"定"同音)、如意(或灵芝)组合,构成"必定如意"。

五 磬纹样及其文化内涵

磬本意是一种打击乐器,用石或玉制成,形状像曲尺,后来又指寺院中和尚念经时所敲打的铜铸的法器。

"磬"的古字写作"殸",最早见于甲骨文。甲骨文右上方的三角形为一个古磬,最上方的"屮"形是悬挂磬的架子;左下方是一只手拿着小锤在敲磬。

因为磬的形状是弯曲的,所以"磬"又比喻人弯腰,表示十分恭敬,"磬"与"庆"谐音,寓意吉祥幸运。

磬纹样与戟("戟"与"吉"谐音)、鱼("鱼"与"余")组合,构成"吉庆有余",寓意吉庆之事连绵不断。

六 戟纹样及其文化内涵

戟，是戈和矛的合体，也就是在戈的头部再装矛尖，具有勾啄和刺击双重功能的格斗兵器。戟的出现在我国推动了战国时期的到来。戟一方面作为仪仗兵器，一方面作为从先秦至秦汉魏晋军中装备的制式装备。四年相邦吕不韦戟2007年出土于兵马俑坑中，由青铜戈和矛以及木柄组成，全长2.87米，是目前国内发现的唯一一件保存完整的青铜戟。戟是在长柄的一端装有青铜或铁制成的枪尖，旁边附有月牙形锋刃。

戟谐音"吉"，因此，戟后来也被视为吉祥的器物，如果将吊有磬的戟插进花瓶，可题为"平安吉庆"；把一杆在两端从磬上吊有鱼的戟插入花瓶，则可寓意"吉庆有余"。戟结是历史悠久的中国传统手工编织工艺品，属于中国结的一种。戟结与寿字结相类似，是以双环结、双联结组合而成，是历史悠久的吉祥符号。戟与"级"同音异声，吉祥图案里，常在花瓶中插进三支戟，其旁再配以笙图，则寓意平平安安、连升三级，表示官运亨通、升迁迅速的意思。荷瓣瓶口，颈部出三戟，底部饰以莲花，看似莲花盛开，生出宝瓶，取连（莲）升（生）三级（戟）的吉祥寓意。

"戟"与"级"谐音,象征官阶权威;"戟"与"吉"谐音,象征祥瑞吉庆。

戟纹样与磬("磬"与"庆"同音)、鱼("鱼"与"余"同音)组合,构成"吉庆有余"。三支戟与宝瓶("瓶"与"平"同音)、笙("笙"与"升"同音),构成"平升三级",寓意平平安安、仕途得意;与莲花("莲"与"连"同音)、笙("笙"与"升"同音)组合,构成"连升三级",寓意接连升迁。

七　宝瓶纹样及其文化内涵

宝瓶是一种常见的生活用具，多为汲器、炊具、酒器。明代陈继儒《群碎录》载："古无瓷瓶，皆以铜为主，至唐始尚窑器。"随着宋代瓷器制作工艺的普及，瓷质宝瓶开始流行。宝瓶的造型名目繁多、形态各异，宋代有玉壶春瓶、梅瓶、经瓶、橄榄瓶、葫芦瓶，元代有八方瓶，明代有天球瓶、宝月瓶、象耳折方瓶，清代有棒槌瓶、凤尾瓶、柳叶瓶等。宝瓶是吉祥、圆满、平和的象征，《雍和宫法物说明册》："宝瓶，佛说智慧圆满具完无漏之谓。"传说方形宝瓶为仙壶，为群仙之所，《拾遗记》载："三壶，则海中三山也。一曰方壶，则方丈也；二曰蓬壶，则蓬莱也；三曰瀛壶，则瀛洲也。"

宝瓶纹样（"瓶"与"平"同音）与如意组合，构成"平安如意"；与牡丹（象征富贵）组合，构成"富贵平安"；与四季花（常指牡丹、莲花、菊花、梅花）组合，构成"四季平安"；与柿蒂（"柿"与"是"同音）、蝙蝠（"蝠"与"福"同音）组合，构成"平和是福"；与三支戟（"戟"与"级"谐音）、笙（"笙"与"升"同音）组合，构成"平生三级"，寓意官运亨通、仕途腾达；与孔雀尾和珊瑚组合，构成"翎顶辉煌",意指最高官位(清代礼制规定一品官员所戴官帽的饰品为珊瑚玉和孔雀尾,俗称红顶花翎)。

此外,生活中常见在大门等进出口处摆放宝瓶,寓意"出入平安"。

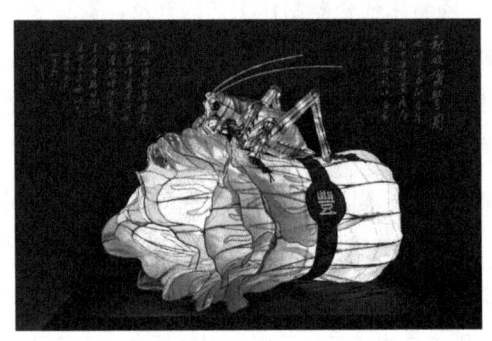

《国有百财》灯笼,牛俊启

八 山石纹样及其文化内涵

山石是山和石的统称。《诗经·小雅》载:"如月之恒,如日之升,如南山之寿,不骞不崩。"山石坚韧巍峨、亘古至今,在传统吉祥图案中多为长寿的象征。

山石纹样与水仙(数株)、竹子组合,构成"群仙祝寿";与梅花、竹子组合,构成"三益之友"("梅寒而秀,竹瘦而寿,石丑而文,是三益之友。");与松树、竹子、灵芝组合,构成"松龄拱寿";与蝙蝠、海浪组合,构成"福山寿海";与雄鸡("鸡"与"吉"谐音)组合("石"与"室"谐音),构成"室上大吉";与萱草(萱草又称宜男草,相传为可助生子的奇草)组合,构成"宜男益寿";与海水及浪花组合,构成"海水江崖",寓意福山寿海、一统山河、绵延不断,常饰于官服的下摆;与玉兰花(又名"木笔","笔"与"必"谐音)组合,构成"必得其寿",寓意积善成寿、品格高洁。雄鹰("鹰"与"英"同音)独立于山石之上,构成"英雄独立"。

九 八吉祥纹样及其文化内涵

八吉祥，由八种象征佛教威力的物象组成，即法螺、法轮、宝伞、白盖、莲花、宝瓶、金鱼、盘长，又称佛教八宝。与八种识智所感悟的显现相对应，即眼、耳、鼻、音、心、身、意、藏。八吉祥简称轮、螺、伞、盖、花、罐、鱼、长。

这八个纹样可以单独成形，也可组合成一个整体图案。八吉祥的象征含义如下：

法螺，具菩萨果妙音吉祥之谓。佛音吉祥，遍及世界，好运常在。

法轮，大法圆转万劫不息之谓。佛法圆轮，代代相续，生命不息。

宝伞，张弛自如曲覆众生之谓。覆盖一切，开闭自如，保护众生。

白盖，偏覆三千净一切药之谓。遮覆世界，净化宇宙，解脱贫病。

莲花，出五浊世无所染着之谓。神圣纯洁，一尘不染，拒绝污染。

宝瓶，福智圆满具完无漏之谓。福智圆满，毫无漏洞，取得成功。

金鱼，坚固活泼解脱坏劫之谓。活泼健康，充满活力，趋吉避邪。

盘长，回环贯彻一切通明之谓。回贯一切，永无穷尽，长命百岁。

十 宝盒纹样及其文化内涵

"盒"与"合"同音,是顺意美满的象征。旧时结婚交换聘礼,喜在拜合中放入荔枝、桂圆(二者外形为圆),寓意新婚夫妇圆圆满满。

宝盒纹样与荷花("荷"与"和""合"谐音)、如意(或灵芝)组合,构成"和合如意";与荔枝、桂圆组合,构成"圆圆满满"。五只蝙蝠从宝盒中飞出,构成"五福和合"

十一　爆竹纹样及其文化内涵

《谈闻录》载有李畋朝夕投竹于火中，使其爆裂，其声响令山鬼惊恐而逃的故事。后世束纸成筒，内塞火药，代替竹子，乃其遗俗。"爆竹声中一岁除""爆竹一声除旧，桃符万象更新。"过年家家户户燃放爆竹，乃取其驱恶魔、迎求平安之意。"爆"与"报"同音，"竹"与"祝"谐音，爆竹常以此组成吉祥图案。

爆竹纹样与喜鹊组合，构成"报喜图"；与梅花、童子组合，构成"开春报喜"；与宝瓶组合，构成"岁岁平安"。

十二　贯钱纹样及其文化内涵

钱自古便被视为宝物。古钱有多种样式，如货布、泉刀等，所以有时又将"泉"作为"钱"，"泉"与"全"同音，"钱"与"泉""全"谐音。尽管古钱有很多样式，但吉祥图案中多以外圆扁平、中孔内方的造型为主，为便于携带，可利用钱币中间的方形钱孔将之串联、相互连锁，"古钱套""套钱""连钱""贯钱"因而得名。因九为阳数之极，故吉祥图案中常用绳子将九个钱穿孔连串。"钱"与"前"同音，"钱"与中间有方孔，即"钱眼"，寓意眼前。贯钱纹样常以此而组成吉祥图案。

贯钱纹样与蝙蝠组合，构成"福在眼前"。两个贯钱纹样与寿桃、蝙蝠组合，构成"福寿双全"。十个贯钱纹与牡丹组合，构成"十全富贵"；十个贯钱纹样单独组合，构成"十全图"（亦作"十全十美"）。

十三　圆环纹样及其文化内涵

　　圆环首尾相连、圆润饱满，在传统吉祥图案中常作为配饰或边饰，多个圆环重叠交叉相连称作"连锁"（或"连环"），取义绵延不断。三只圆环相连，构成"三环套月"；九个圆环首尾相连，构成"九连锁"（或"金玉连环""绦环"）（佛教中地藏菩萨所持锡杖的顶部即为九连环变形，目连尊者救母时便是用该锡杖推开地狱之门，故有辟邪之义）；一百个圆环相连，构成"百环尊"，常装饰于宝瓶周围。

十四　铜镜纹样及其文化内涵

铜镜是传统婚俗吉祥图案中常见的纹样。"铜"与"同"同音，与绣花鞋（"鞋"与"偕"同音）组合，构成"同偕到老"。《诗经》载："谷则异室，死则同穴。"即为偕老同穴之意。此外，民间婚俗中将绣花鞋置于铜盆（"铜"与"同"同音）或茅桶（"桶"与"同"谐音）内随嫁，亦取此意。

铜镜（"镜"与"晋"发音相近）纹样与爵（爵为古代酒器，亦代指爵位）组合，构成"晋爵图"，寓意官位升迁。

十五　其他器物用具纹样及其文化内涵

船:"船"与"传"同音,象征流传。船与冠帽、绶带、石榴("榴"与"流"同音)组合,构成"冠带传流",寓意高官厚禄世代延传。

聚宝盆:相传为聚财生宝的神器,是传统民俗求财祈福的吉祥物。聚宝盆与推车、财宝等组合,构成"招财进宝"。聚宝盆内长出摇钱树,构成"堆金积玉"。聚宝盆内堆满金银财宝,构成"金玉满堂"。

琴,古代乐器,多为文人君子所好,是高雅、清俗的象征。童子携琴,与老者驻足望月,构成"停琴伫月",寓意行止高雅、性情超逸。

亭,中国传统供栖息、纳凉的建筑,源于周代。亭多为敞开性结构,有顶无墙,以梁柱支撑,顶部常做多角飞檐状。亭纹样与鹭鸶(色多为白,别称"玉鸟")组合,构成"亭亭玉立"。

桶:"桶"与"统"同音。桶纹样与万年青组合,构成"一统万年"。

十一、几何文字篇

一　万字纹纹样及其文化内涵

万字纹即"卍"字纹。"卍"原为古代一种符咒，是太阳和火的象征，常用于护身符或宗教标志。梵文中"卍"意为"吉祥之所集"，佛教认为它是释迦牟尼胸部所现的瑞相，有吉祥、万福和万寿之意，唐武则天长寿二年将其发音定为"万"。

在传统吉祥图案中，"卍"字纹通常作边饰纹样或底纹。"卍"字四端向外延伸，可首尾相连、连绵不断，寓意长寿、富贵不断头。由"卍"字纹通篇铺地作底纹的图案称为"万寿锦"。

万字纹与柿蒂纹样、如意纹样组合，构成"万事如意"，与寿桃纹样（或寿字纹样）组合，构成"万寿无疆"，与月季纹样组合，构成"万代长春"。

二 福字纹样及其文化内涵

"福"字,从河南殷圩出土的甲骨文来看,"福"是双手虔诚地捧着酒坛(酉)敬神(示)的形象,是用"手""酒""示"三个部分组合成的会意字,原是以酒敬神,祈求福备(万事顺遂)的意思。一般来说,传统吉祥文化中的福主要包括长命、富贵、健康、品性仁爱、善始善终五个方面,《尚书·洪范》载:"一曰寿,二曰富,三曰康宁,四曰攸好德,五曰考终命。"春节贴"福"字,是民间由来已久的风俗。每逢新春佳节,家家户户都要在屋门上、墙壁上、门楣上贴上大大小小的"福"字,表示对美好生活的期盼。

在传统吉祥图案中,福字通常由不同的字体形态,组成方形或圆形,或由百个不同的福字构成"百福图"。

三 寿字纹样及其文化内涵

寿是汉语中最常用的吉样字，生命长久的象征。寿字的演变及书写历史极其悠久，青铜铭文就有"寿"以及诸如"耆""孝""考"等与寿含义相近的文字，皆用为长寿之义。金文"寿"字是上下结构：上部以一个老者形象表意，下部是"田畴"的"畴"字的初文，其古字形弯曲的田垄形用来作为"寿"字表音的声符。长寿是寿字的本义。有一些金文的下方多加了一只表示手的"又"；还有一些左下方多加了一个"口"，为《说文》篆文和汉印所本；也有同时加上"口"和"又"的。"口"可能表示酒杯，"口"与"又"结合表示举杯向老人献酒、祝其长寿，这一字形一直流传至秦简和汉代帛书文字中。

寿字纹样与蝙蝠（"蝠"与"福"谐音）、如意组合，构成"福寿如意"；与万字纹、月季花（亦名长春花）组合，构成"万寿长"。两个寿字纹样与两个蝙蝠（或两个福字）组合，构成"福寿双全"。此外，吉祥图案中常由百个不同的寿字组合，构成"百寿图"。

四 喜字纹样及其文化内涵

喜字始见于商代甲骨文,古文字字形从口从壴,表示人听到鼓声而高兴,本义是欢喜、快乐。由本义引申为吉庆快乐之事,民间美术中则特指婚庆、生子。

传统吉祥图案中,"喜"常与"囍"同义替换。汉字本无"囍",宋时王安石始作"囍"。王安石进京赶考,途径马家镇,马员外出联招婿:"走马灯,灯马走,灯息马停步",无人能对,甚以为憾,王安石以为好对,但囿于赶考时间仓促,便作罢。次日王安石考试交了头卷,主考官传其面试,指着厅前飞虎旗出对:"飞虎旗,旗虎飞,旗卷虎身藏。"王安石便将马员外招婿的对子移花接木。试后,王安石返回,途经马家镇,见马员外的对联仍无下联,便将主考官的对子移花接木。员外惊喜万分,便将小姐许配与他。成亲之日,报子来报:"王大人金榜题名!"王安石大喜过望,挥毫写下"囍"字,随口吟道:"巧对联成双喜歌,马灯飞虎结丝罗。"

"喜"或"囍"字纹样常与喜鹊、梅花、仙桃等物组合,用于喜庆婚俗活动。

五　回纹纹样及其文化内涵

　　回纹，亦作回字纹，由陶器、青铜器上的雷纹衍化来，属几何纹样，因其形制多为由横竖短线折绕组成的方形或圆形，呈回环状，故得名。

　　现存最早的回纹样多见于新石器时代的彩陶以及商周青铜时代的青铜。与万字纹一样，回纹亦可首尾相连、连绵不断，故民间视之为"富贵不断头"。

　　吉祥图案中回纹常首尾相连，构成方形或圆形外圈，作边饰纹样。

六 祥云纹样及其文化内涵

中国传统装饰云纹的统称,寓意祥瑞,造型别致,与龙纹、凤纹一样,是独具特色的中国文化符号。祥云纹作为传统吉祥图案,最早可上溯至商周的旋汶、雷文、风纹。云表示天,相传为神仙交通的工具,同时也是滋润万物的雨水之源,是"祥云瑞日""安泰吉祥"的象征。"云"与"运"谐音,"祥云"寓意"祥运"。

传统吉祥图案中,祥云纹常有三种造型:一为流云状,常作为龙、凤、麒麟等祥禽瑞兽以及天仙的配饰纹样,以示祥瑞;二为漩涡状,常并排相接,通地平铺,作为底纹;三为云头纹,首尾相连,似如意、蔓草状,通常用于纹样的衔接与搭配。

祥云纹样与蝙蝠("蝠"与"福"同音)组合,构成"天降福运"。

七 其他几何文字及文化内涵

惟吾知足：语出《老子》"知足不满，知止不殆"，寓意自知满足、持盈保泰。

恭喜发财：祝颂之辞，多用于逢年过节及开张吉日。

日进斗金：通常由日进斗金四个字组合成方形的帆船状，"船"与"传"同音，寓意传宝，多用于生意集市。

招财进宝：与日进斗金一样，常组合为方形帆船状，多用于生意集市。